On achève bien nos vieux

Jean-Charles Escribano

On achève bien nos vieux

Avec la collaboration de
Marie-Thérèse Cuny

ISBN : 978-2-915056-52-5
© Oh! Éditions, 2007

TOUS DROITS RÉSERVÉS Y COMPRIS LA REPRODUCTION
EN TOTALITÉ OU EN PARTIE, SOUS TOUTES FORMES.

Tout homme doit être capable de s'indigner.

Abbé Pierre

1.

« Pour qui tu te prends ? »

Au début, certaines choses m'énervent. Ce n'est pas encore le pire, mais ça commence mal. Pourquoi n'y a-t-il pas de poubelles dans cet établissement ? Vous me direz, une poubelle, ce n'est rien. Ça s'achète, ça se remplit, ça se confie aux éboueurs, et on recommence. Mais il y a poubelle et poubelle. Certaines ont vocation à recueillir des déchets dont l'odeur et l'aspect, sans oublier l'éventualité d'une contamination, nécessitent une disparition rapide.

Je viens de mettre les pieds dans ce que l'on appelle communément une maison de retraite.

Mais il ne s'agit pas d'un établissement pour dépliant publicitaire, affichant des visages souriants encadrés de cheveux gris ou blancs pour « une retraite heureuse dans un décor verdoyant »... Ce genre d'endroit idyllique où l'on fait de la gymnastique le matin et où l'on joue au bridge l'après-midi. Là aussi, il y a maison et maison, retraite et retraite.

Il s'agit d'un établissement médicalisé par des professionnels libéraux pour personnes âgées dépendantes, désorientées, semi-dépendantes ou valides – spécialisé dans la maladie d'Alzheimer. L'un de ces établissements appelés à signer une convention tripartite avec ses organismes de tutelle, et devenir un EHPAD[1].

Celui-ci compte 60 résidants, dont un bon tiers ont besoin de changes adaptés à l'incontinence simple ou totale. Où met-on les couches sales ? J'avance dans le couloir des chambres, portes ouvertes, où des filles s'activent à faire les lits. C'est simple, les changes usagés sont jetés par terre devant chaque porte, ou en petits tas dans le couloir, attendant d'être ramassés. Par qui, je l'ignore. Comment, je l'ignore. Je m'intéresse en priorité aux résidants dont on m'a confié les soins. Une douzaine en moyenne.

J'entre dans une chambre. Je n'ai pas besoin de frapper à la porte, elle est grande

---

1. Établissement d'hébergement pour personnes âgées dépendantes.

« POUR QUI TU TE PRENDS ? »

ouverte. Il est 7 heures du matin, la fenêtre aussi est ouverte, le lit est vide, barrières relevées, et le locataire des lieux assis dans un fauteuil en plein courant d'air. Il attend, demi-nu, que je procède à sa toilette et aux soins que nécessite son état. Il est sans robe de chambre, sans chaussons et mouillé de la nuit.

J'interpelle l'agent de service, une femme qui s'active.

— Il est dans le courant d'air.
— Oui, mais ça pue ! Il faut aérer !
— Mais il a froid, cet homme !
— Oui, mais il faut bien ventiler, ça pue.

Aérer une chambre en ouvrant une fenêtre, c'est une chose, ventiler en est une autre. Il faut pour cela sortir le résidant de sa chambre et le mettre à l'abri du froid. Je commence par couvrir le pauvre homme après avoir fermé la fenêtre.

Je reverrai plus tard cette même agent de service armée d'une serpillière qu'elle balade sur le sol en zigzag, en dépit du bon sens. La serpillière, mal utilisée, n'a fait que répandre la saleté dans toute la chambre, au lieu de l'évacuer vers le couloir par un mouvement latéral et progressif, ainsi qu'on l'enseigne aux agents hospitaliers.

— Vous n'avez pas de chariot de ménage ?
— Non. On n'a que celui-là. On se débrouille avec.

« Celui-là » sert aussi bien à la délivrance des petits déjeuners qu'au nettoyage des chambres ou à la collecte des draps souillés. Or, un chariot de ménage dans un établissement de cette catégorie est aussi important que dans un service hospitalier. Il comporte deux seaux, un rouge et un bleu, l'un pour l'eau sale, l'autre pour l'eau de rinçage, avec la place prévue pour le balai tressé réservé à cet usage et celle des produits. Dans un secteur sensible comme la chambre d'une personne âgée souffrant généralement d'une pathologie complexe, fragile et sujette à la moindre infection, on ne « ménage » pas n'importe comment. Dans un premier temps, j'essaie d'expliquer à cette femme comment faire pour être efficace : en commençant par le haut de la chambre, en pratiquant des balayages latéraux, qui amènent à récupérer la saleté au seuil de la porte, et non par mouvements dans tous les sens qui ont pour résultat de répandre la saleté dans toute la chambre. La réaction est immédiate :

— Tu vas m'apprendre à passer une serpillière ?

« POUR QUI TU TE PRENDS ? »

J'aimerais bien. Comme j'aimerais bien que les barrières des lits médicalisés soient toutes exemptes de traces brunâtres datant de la nuit, ou peut-être même de la veille.

La question subsidiaire étant de savoir pourquoi cet homme est assis à demi nu, sans couche de protection, et il attend...

Plus tard, je vais rentrer dans une autre chambre où le résidant attend aussi à côté d'un bol de petit déjeuner froid posé sur la table et qu'il ne veut manifestement pas avaler.

— La personne chargée de déposer les petits déjeuners passe à quelle heure ?

— Entre 7 h 30 et 8 heures.

J'en déduis donc – mais peut-être à tort – qu'on enlève les draps après avoir sorti cet homme de son lit, le petit déjeuner posé hors de sa portée.

— La personne qui l'a servi n'est-elle pas supposée l'aider également ?

— Elle, son travail est de servir, et c'est sa collègue qui doit venir, mais elle ne peut pas pour l'instant, elle fait le ménage dans le hall d'entrée. On n'est que deux, on ne peut pas tout faire. Elle passera vers 9 heures. D'ailleurs, il mange tout seul, celui-là. Hein, que tu manges tout seul, le papy ?

J'examine le contenu du bol, une sorte de biscotte ou de pain trempé dans du café au lait. Immangeable froid. L'image d'une gamelle de chien abandonné me vient à l'esprit.

De quel droit tutoie-t-elle cet homme âgé silencieux ? Cette habitude d'une partie du corps médical de tutoyer les personnes âgées... « Papy » a un nom, un passé de 85 ans derrière lui. La porte de sa chambre est grande ouverte, n'importe qui pourrait l'apercevoir dans sa nudité fragile. Je referme la porte pour lui faire sa toilette et, réflexe professionnel, examine d'abord ses mains. Sales, de la même couleur brunâtre que les montants de son lit. Quelqu'un est venu enlever les draps, une autre personne est venue déposer un petit déjeuner et ces personnes n'ont pas vu ou pas pris le temps de voir que les barrières du lit et ses mains étaient tachées de la même déjection. Ce quelqu'un a installé le vieux monsieur sur son fauteuil, refait le lit à la va-vite et relevé les barrières pour qu'il ne retourne surtout pas se coucher. Les draps souillés sont par terre dans le couloir, au même endroit que la couche puisqu'il n'y a pas de poubelles à cet effet ni de sacs à linge. Je crains que l'agent de

« POUR QUI TU TE PRENDS ? »

service ne ramasse le tout sur son unique chariot de nettoyage.

Pendant ce laps de temps, le bol du petit déjeuner a refroidi et le pauvre homme aussi, pris dans le courant d'air destiné à aérer sa chambre, à évacuer ses mauvaises odeurs.

Je rêve d'un lieu idéal où cet homme en robe de chambre, sécurisé par une couche de protection d'incontinence, les mains lavées, serait transporté à l'abri dans une salle de petit déjeuner où un agent attentif lui servirait un café au lait chaud, en lui disant : « Bonjour, monsieur Untel, avez-vous besoin d'aide ? », et que pendant ce temps on fasse le ménage dans sa chambre.

Pour l'heure, il n'a plus faim. Le dîner se prend à 18 h 30, et il n'a manifestement rien avalé depuis, mais il devra pourtant attendre le déjeuner de midi. Aberrant : 18 heures sur 24 avec un tel rythme alimentaire et des états diabétiques à équilibrer !

On me regarde très vite de travers. Avec mes remarques incessantes. D'abord, je suis arrivé plus tôt que mes collègues, estimant que ma présence est nécessaire au lever, vu le nombre de patients qui me sont confiés dans cet établissement. Comme nous travaillons à deux - six patients chacun –, nous alternons ou intervenons ensemble suivant les difficultés de prise en charge, personnes très lourdes ou en état d'agitation. Le travail devient très difficile quand se conjuguent obésité et invalidité, et il est indispensable d'être deux pour manipuler certains patients. Alors on s'organise au mieux entre nous pour répondre aux impératifs de sécurité des patients et aussi de notre sécurité. Les membres du personnel salariés sont déjà surchargés de travail pour pouvoir être davantage sollicités, d'autant que certains ne se privent pas de dire : « Que les libéraux se débrouillent seuls ! »

Dans une autre chambre, scénario inverse. Ici, les volets sont restés fermés et la résidante, une femme extrêmement handicapée, est demeurée dans le noir jusqu'à mon arrivée. Comme mon parcours infirmier touche à sa fin, il est près de 10 heures, et le bol de son petit déjeuner, déposé sur la table roulante, gît maintenant, renversé, sur son lit.

Sur ma « planète » d'infirmier libéral sans doute trop consciencieux, de nature exigeant, exerçant depuis une quinzaine d'années à domicile et en maison de retraite, j'ai déjà constaté malheureusement ce type

« POUR QUI TU TE PRENDS ? »

d'incohérences de gestion matérielle. Il s'agissait pour moi d'un manque d'organisation de la part de la direction doublé d'une absence chronique de personnel diplômé en nombre et en qualité.
Je n'ai pas postulé pour cet emploi. J'ai été sollicité par le propriétaire, alors que je travaillais pour un autre établissement. Cet homme avenant m'a parlé de son souci de recrutement permanent – deux infirmiers venaient de démissionner – et aussi de son besoin d'améliorer la qualité de son établissement. Il parlait bien, évoquant ce que tout le monde sait : « Les infirmiers ou aides-soignantes en maison de retraite médicalisée pour le grand âge manquent cruellement. Nous savons tous que la plupart des jeunes gens, surtout des jeunes filles, qui entrent en formation dans ce genre de métiers, préfèrent la puériculture aux soins des vieillards... »
Des arguments récurrents. Des sommités du monde médical hospitalier ont tiré depuis longtemps la sonnette d'alarme. Il ne s'agit plus de baby-boom, mais de papy-boom. La France a vieilli, les besoins explosent, le personnel manque. On engage de plus en plus des femmes de ménage à des postes

d'aides-soignantes, et des aides-soignantes sans formation de gériatrie font trop souvent fonction d'infirmières.

Et pourtant les investisseurs considèrent le marché des « vieux » comme d'un rendement sûr, qui ne s'éteindra jamais. Nous vieillissons tous et restons en vie plus longtemps. Beaucoup d'entre nous atteindront l'âge de 100 ans – les femmes surtout. Mais la société a changé, la vieillesse fait peur. Le jeunisme règne, absorbé par une folie de consommation qui ne laisse guère le temps d'envisager sa propre fin de vie ou de se préoccuper de celle de ses parents.

Qui peut, de nos jours, garder à domicile une grand-mère ou un grand-père de plus en plus dépendant, un père ou une mère éloignés et seuls. Nous avons pris un retard considérable dans l'infrastructure nécessaire à l'accueil des personnes âgées. Et au lieu de privilégier massivement les aides à domicile, nous avons laissé se développer un marché privé des maisons de retraite, qui ont bien du mal à recruter le personnel compétent.

J'ai hésité assez longtemps avant de me laisser convaincre par cet homme, au demeurant persuasif dans son désir d'améliorer la qualité des services offerts par sa maison.

« POUR QUI TU TE PRENDS ? »

Changer de secteur me rapprochait géographiquement d'un centre d'apprentissage aux métiers médico-sociaux où j'exerçais bénévolement avec un professeur, dans un établissement de l'Éducation nationale, la fonction de tuteur professionnel pour un groupe de stagiaires. J'ai donc pris le temps de réfléchir non seulement pour moi, mais surtout pour mes stagiaires. Dans le local de l'Éducation nationale, nous ne disposions que d'une salle de soins virtuelle, avec des mannequins en guise de patients. Apprendre à une aide-soignante comment mobiliser un vieillard – l'aider à se déplacer, le sortir de son lit pour l'installer dans son fauteuil, etc. – sur un mannequin de caoutchouc n'est pas la meilleure solution. Les stages dans un véritable environnement sont nécessaires. Or l'établissement pour lequel j'étais sollicité ne demandait qu'à accueillir des stagiaires – et on le comprend, les stagiaires suppléent très souvent au manque de personnel.

J'envisageais aussi d'impulser des projets de gérontologie plus larges et adaptés aux besoins du bassin de vie en reliant un établissement de ce type à une structure de soins infirmiers (SSIAD[1]), dont manque cruelle-

---
1. Service de soins infirmiers à domicile.

ment le secteur où j'exerce. Je souhaitais encore inciter à l'ouverture d'un accueil de jour réservé aux malades atteints d'Alzheimer et maladies apparentées, afin de soulager les familles ayant choisi de les garder à domicile. Donc faire en sorte qu'une maison de retraite spécialisée dans les démences de type Alzheimer devienne un lieu ouvert sur la vie, permettant de la rentabiliser davantage comme d'améliorer la qualité des prestations offertes à l'ensemble des résidants, valides, semi-valides ou dépendants.

Au fil de ma carrière d'infirmier, la gériatrie est devenue un véritable objectif. Mon expérience dans certains établissements, y compris d'apparence luxueuse, m'a convaincu que la mise en place d'une éthique de soins était primordiale. Il ne suffit pas qu'ils disposent d'un jardin, d'un hall d'accueil flambant neuf orné de plantes vertes pour que l'essentiel, c'est-à-dire le respect et les soins dus aux plus anciens, constitue la priorité des maisons de retraite, médicalisées ou non.

Et me voilà donc nouveau venu dans cet établissement appartenant au secteur privé lucratif avec la caution du « patron ». Une caution de « mieux-traitant » dont je me sens

« POUR QUI TU TE PRENDS ? »

investi, peut-être à tort et sur laquelle je me suis sans doute fait des idées.

Cette histoire de poubelles inexistantes et de chariot de ménage se règle assez vite. Mais je me fais mal voir d'emblée par certains membres du personnel qui n'apprécient pas mes remarques, pour moi évidentes : on frappe à la porte d'une chambre avant d'entrer ; on ne tutoie pas de prime abord une personne âgée, c'est un manque de respect ; on ne ricane pas si elle mange sa tartine les mains couvertes de saletés, on les lui lave ; on se lave les mains soi-même avant de servir la nourriture ; on ne mouille pas les couloirs, les chambres ou les salles en présence des résidants – le carrelage devient glissant, et les chutes sont trop nombreuses. On nettoie les roues des fauteuils roulants ; on ne hurle pas « Ta gueule » à un vieillard dément, on ne répond pas à l'agressivité par de l'agressivité...

Les réponses sont toujours les mêmes.

Pour l'employé surchargé, et non qualifié parfois, mon exigence est insupportable : « Mais de quoi tu te mêles ? » « On fait ce qu'on peut ! » « On a toujours fait comme ça. » « Je n'ai pas que ça à faire. » « C'est lui qui m'a agressé, il est insupportable... »

Du côté de la direction, la réponse est généralement : « Oui, oui. Je m'en occupe... »

— L'eau chaude s'arrête toujours à la mauvaise heure, je rince mes patients à l'eau froide. Il faut vérifier la chaudière.

— Oui... mais j'ai autre chose de plus urgent à financer en ce moment.

— On manque de gants de protection pour la toilette, on manque de couches.

— Oui... je m'en occupe dès que possible.

Avec le médecin coordonnateur, le malentendu est total.

— J'ai besoin d'une prescription écrite. Je ne donne pas de médicaments sans savoir ce que c'est et j'ignore ce qu'il y a dans cette boîte en plastique.

— Ne t'occupe pas de ça. C'est moi le médecin. Tu administres la dose que j'ai indiquée.

— Mais ce sirop tranquillisant qu'on lui donne n'est prescrit nulle part.

— Ce n'est pas ton rayon. Cette femme hurle sans arrêt.

— Je connais ce médicament, il fait dormir, j'en suis certain. Ça ne convient pas aux malades Alzheimer : ils dorment, titubent, ont des vertiges.

« POUR QUI TU TE PRENDS ? »

— Occupe-toi de ton travail, pas du mien. Ce n'est qu'un début. Le pire est à venir et je vais être entraîné sur un chemin difficile, stressant, voire dangereux, où j'aurai le sentiment permanent d'être « l'emmerdeur » ou l'homme à écarter. Celui qui refuse d'accepter la fatalité et le manque de respect dont les personnes âgées sont victimes dans ces zones de non-droit, agissements synonymes pour moi de maltraitance.

Mais, au début, nous sommes les seuls, avec ma collègue, à oser exprimer aussi clairement notre difficulté à supporter ce système. Les seuls à nous entendre dire, par exemple : « Mais pour qui tu te prends ? Il a les mains sales, dans la merde, le papy ? Et alors ? On n'en meurt pas. »

2.

Ça commence bien

Parce que j'ai déjà eu en maison de retraite de mauvaises expériences, mais que je venais alors d'un établissement où les choses se passaient à peu près bien, je pensais avoir pris suffisamment de garanties au départ pour pousser le curseur dans le bon sens. Ce curseur qui va de la maltraitance à la « bientraitance ».
Le concept de maltraitance envers les personnes âgées est récent. Les professionnels de la santé et de la justice se sont d'abord penchés sur celle infligée aux enfants, aux personnes handicapées, pour s'apercevoir enfin que les aînés, de plus en plus nombreux, en étaient victimes – à domicile pour la grande majorité, mais aussi en établissement. Le comité de lutte contre la maltraitance (Comité national de vigilance contre la maltraitance

des personnes âgées) instauré par le secrétariat d'État aux Personnes âgées n'existe que depuis 2002 ! Le plan Solidarité-Grand Âge date de juin 2006 ! Encore avons-nous eu entre-temps la tristement célèbre canicule pour réveiller les consciences.

Mon expérience de près de 20 ans de partenariat, soit avec les IFSI[1], soit avec l'Éducation nationale, m'a appris à transmettre un idéal éthique à tous ces jeunes des lycées professionnels qui vont pratiquer ce métier à différents niveaux. Je sais qu'il est humain d'oublier peu à peu cet idéal, de se conformer aux « coutumes » d'un établissement ou d'un autre. Je sais qu'il est facile de se dire : « Ici c'est comme ça, je ne vais pas me singulariser par trop de perfectionnisme. »

Je sais qu'il existe un décalage entre théorie et réalité, mais je demeure persuadé depuis toujours qu'il faut entretenir cet idéal. Personnellement, ma présence auprès des stagiaires m'a apporté une certaine fraîcheur et me préserve d'une routine dangereuse. J'ai participé à des commissions d'études pour le maintien à domicile des personnes âgées dépendantes – c'étaient alors les prémices des

---

1. Institut de formation en soins infirmiers

coordinations de gérontologie, mises en place par les CRAM (Caisse régionale d'assurance maladie), et qui ont abouti à la création des « CLIC[1] ». J'étais déjà motivé, curieux de tout ce qui concerne l'avenir des structures pour personnes âgées, et notamment des grands dépendants, les plus fragiles. C'est à travers ces activités paraprofessionnelles que ce directeur d'établissement a entendu parler de moi, et qu'il m'a sollicité. J'ai suggéré ce partenariat avec l'Éducation nationale, qu'il a accepté d'emblée, et la création d'un SSIAD[2] associé à l'établissement. J'étais certain que nous allions pouvoir faire du bon travail dans un secteur dramatiquement défavorisé, où les places en maison de retraite sont si rares que les familles désespérées, prises de court, ont rarement la possibilité de vérifier la qualité des soins. En outre, les visites des familles ne se font jamais aux heures de « point noir », en particulier le matin.

Dans le secteur géographique de cet établissement, le taux d'équipement en nombre de places d'accueil pour personnes âgées est de 60 pour 1 000 personnes de plus de 75 ans,

---

1. Centre local d'information et de coordination.
2. Service de soins infirmiers à domicile.

alors que la moyenne départementale est de 111 et la moyenne nationale de 140. Les familles qui trouvent une place pour un de leurs parents sont trop contentes pour se permettre d'être trop regardantes sur tous les aspects qualitatifs. Il est certain que le manque de places en maison de retraite met les établissements existants en situation de quasi-monopole. Cela ne les incite pas à faire de la qualité un des moteurs pour la conquête d'un marché ou la valorisation de leurs activités.

Très vite, je perds le soutien de mon recruteur. Il est trop absent. Propriétaire d'une autre résidence, lui non plus n'a pas que « ça » à faire. Autrement dit, m'écouter lorsque j'en exprime le besoin.

On me renvoie aussi vers les « déléguées de direction ». J'ai donc affaire à des jeunes femmes qui ont le niveau bac et bac + 3, c'est-à-dire une maîtrise de psychosociologie. Pour moi, aucune d'elles ne dispose de formation adéquate pour diriger un établissement qui reçoit des personnes vulnérables.

Au début les rapports sont sympathiques, mais rapidement, et cela se confirme au fil des mois, je me rends compte qu'elles ne savent pas de quel côté se placer lorsque je les interpelle.

Si je n'obtiens rien de plus qu'une poubelle par étage et des chariots de nettoyage conformes à l'hygiène, que suis-je venu faire ici ? Une fois les stagiaires accueillis au sein de l'établissement, rien d'autre ne bouge.

Je dispose de quatre à six chambres de résidants pour le travail de l'équipe enseignante. Je tiens soigneusement à l'écart mes stagiaires du reste des chambres, pour ne pas risquer de les confronter au « mal-faire ». Dans ce secteur réservé, ils peuvent apprendre avec des résidants sans pathologie grave, simplement âgés ou légèrement handicapés pour les gestes du quotidien, à apporter l'aide nécessaire. Apprendre la toilette, à faire un lit, à aménager l'environnement pour éviter les chutes, et les rapports humains. C'est essentiel. Parler, écouter, savoir prendre le temps d'un sourire, d'un geste apaisant. Cet entraînement en situation réelle est bien plus productif qu'un dialogue avec un mannequin de caoutchouc... L'établissement y voit une caution de qualité, l'équipe d'enseignants et moi-même un plateau de travail, mais nous pourrions aussi bien aller ailleurs.

Les mois passent. Je continue de me battre au jour le jour pour le respect des patients. Je suis par exemple occupé à faire la toilette de quelqu'un ou à soigner des escarres au lit, ou simplement à le guider vers le cabinet de toilette, et on entre sans frapper. Le va-et-vient du personnel se fait au mépris de la nudité, de l'intimité du résidant. Si bien qu'une fois, je me suis adressé à mon patient, un homme plein d'humour :

— Monsieur, est-ce que vous me permettez de vous photographier les testicules ? J'en ferai un poster et le leur offrirai, comme ça, elles arrêteront d'entrer dans votre chambre.

Les filles ont d'abord été choquées puis ont éclaté de rire.

— Riez, mais attendez que j'aie terminé. Un peu de décence. Tapez à la porte, je dirai « entrez » ou « un moment, SVP... »

Évidemment, je fais preuve d'une autorité à laquelle elles ne sont pas habituées. Pour certaines, elle est acceptée, pour d'autres pas du tout. Mais durant cette première année, je crois encore avoir le soutien du « patron » pour améliorer autant que possible la qualité de l'organisation et assurer un minimum de formation des salariés. J'obtiens d'ailleurs quelques résultats encourageants. Certaines filles s'éloignent, respectent le temps de la toilette, mais d'autres disent entre elles : « On finira la chambre quand le casse-pieds sera parti. »

Car c'est là leur but : aller vite, puisqu'elles ne sont pas suffisamment nombreuses pour assumer la charge normale de travail. Et si j'essaie de faire le point avec la direction, notamment avec la personne chargée d'organiser le travail, c'est peine perdue :

— Ça, c'est mon domaine, mon autorité. Ne confonds pas tout. Il y a des horaires, c'est comme ça !

— Vous traiteriez votre père comme ça ? Vous entreriez dans sa chambre sans prévenir alors qu'il est nu ?

Pour les filles en charge des chambres, je balance donc entre deux types d'appréciations : « Bon, d'accord, tu as raison. Je vais faire attention. » Ou alors : « Il la ramène toujours, celui-là. Il a toujours quelque chose à dire ! »

Et, un jour, la violence. Une fille grande, sèche, autoritaire, dont j'ai remarqué qu'elle avait du mal dans ses rapports avec certains résidants désorientés.

Je l'entends depuis un moment se disputer avec une de mes patientes dans la chambre d'en face, alors que je m'occupe d'une autre. Se disputer est un faible mot car je l'entends soudain hurler :

— Vous avez fini de m'emmerder ! Connasse ! Taisez-vous !

Elle s'adresse ainsi à une femme dont la démence est agressive, parfois violente, et souvent pénible à supporter, je le conçois. Mais nous savons qu'il est inutile de lui répondre sur le même ton. Cette femme ne « sait pas » qu'elle est agressive. La gestion de ce genre de résidant s'apprend en formation, elle est difficile. Il faut savoir garder son calme, ne jamais être agressif soi-même, c'est fondamental. Surtout on ne traite pas une malade de « connasse » en lui hurlant dessus au point de se faire entendre des chambres voisines. Alors, tout en surveillant ma patiente du moment du coin de l'œil, je m'approche de la porte, et je dis haut et fort :

— Ça suffit !

La fille sort aussitôt comme une furie et vient se planter devant moi, son nez à cinq centimètres du mien :

— Qu'est-ce que tu as ? Toi, tu te la fermes ! D'abord, je vais te la faire casser, ta tête !

Sur le coup, je me dis que c'est une façon de parler... Mais non !

Deux jours plus tard, j'arrive à la maison de retraite vers 16 ou 17 heures, pour les soins de fin de journée. Je compose le Digicode, remonte dans ma voiture en attendant l'ouverture du portail. Brutalement, une main ouvre ma portière, et un homme surgi de je ne sais où s'apprête visiblement à me frapper ou à me sortir de force de la voiture.

Instinctivement, je prends une posture de défense, et l'homme marque un temps de recul. J'ai déjà été agressé dans des quartiers difficiles, j'ai appris à me préserver. Heureusement le portail électrique s'ouvre, et comme j'ai le pied sur l'accélérateur, je fonce à l'intérieur de l'établissement. L'homme ne me suit pas. En revanche, je vois sortir la fille qui m'avait menacé. Elle crie à mon intention :

— Alors ! Tu la ramènes pas, maintenant !

J'ignore si cet individu m'aurait frappé ou non, puisque je lui ai échappé ! En tout cas, le geste était bien imité, et je pense sincèrement qu'il l'aurait fait si mon pied n'avait pas été sur l'accélérateur.

J'avertis tout de suite le propriétaire, qui me répond :
— Oui, évidemment... Mais si ça s'est passé en dehors de l'établissement, hélas je ne peux pas intervenir.
— Je ne comprends pas ! Cette fille est violente, elle insulte une résidante, j'interviens comme c'est mon devoir de le faire, elle s'arrange pour me faire agresser par un voyou, et vous ne pouvez rien faire ? Vous la cautionnez ?
Il a réfléchi et a pris une décision le lendemain : renvoyer l'employée pour abandon de poste. Le temps qu'elle a pris pour venir vérifier à l'extérieur que je prenais une leçon, en quelque sorte !
De cette façon, mon agression à l'extérieur et la maltraitance à l'intérieur de l'établissement, par faute de cette salariée, n'ont aucun lien. Aucune trace tangible de défaillance. Pour moi, cette salariée a dû être engagée sans précaution ni réelle formation. Elle appartient à un quartier où règne la violence, où un médecin en visite à domicile y regarde à deux fois avant d'intervenir, même en plein jour. Je l'ai vécu.
J'insiste :

ÇA COMMENCE BIEN

— Même une ASH (agent de service hospitalier) issue des quartiers difficiles doit apprendre et se former au travail qui l'attend en maison de retraite. Sinon c'est la violence de la rue qui entre avec elle dans un milieu fragile, et la maltraitance est inévitable !

Sait-on que pour accueillir le grand âge et son cortège de démences, de perte d'autonomie, il ne suffit pas d'y consacrer un certain nombre de « lits » à un certain étage ? De l'indiquer sur le contrat conclu avec les administrations de tutelle, DDASS et conseil général ? D'encaisser le montant de l'allocation attribuée selon une grille de dépendance qui va de 1 à 6, et de rogner sur un budget déjà insuffisant en embauchant du personnel à bas prix ? Sait-on que le grand âge est autre chose qu'un commerce ? Qu'il faut y consacrer certes un investissement immobilier, une gestion commerciale, mais surtout une direction et une organisation exemplaires de professionnalisme et de transparence en ce qui concerne le « traitement » des personnes âgées.

Il est des maisons de retraite dans mon secteur où le dévouement et les soins sont plus importants que le hall d'accueil particulièrement embelli pour impressionner les visiteurs. L'ennui est que personne ne peut les distinguer a priori des autres. Dans la masse des établissements de retraite, répertoriés sur de nombreux sites Internet, il est impossible au citoyen retraité lambda de se repérer avec certitude. J'entendais à cette époque, déjà, une femme âgée, épuisée d'avoir assisté son vieil époux, seule pendant trop longtemps, me dire :

— J'ai demandé une place pour lui dans une maison proche de chez nous pour que je puisse continuer à le voir, on m'a répondu qu'il y avait au minimum un an ou deux d'attente, parfois trois ans avant qu'un « lit » se libère. Il sera mort avant, ou bien ce sera mon tour avant lui. J'ai peur de l'avenir qu'il nous reste à vivre.

Le voilà, le pouvoir des patrons et des directeurs de maison de retraite. La demande est telle qu'il suffit, avec quelques relations, de présenter au conseil général un dossier convenable de création d'un nouvel établissement ou de rénovation d'une structure ancienne pour que les élus s'en félicitent. Certes, il y a des règles à respecter à tous les niveaux, des contrôles prévus sur le plan sanitaire, mais rien n'oblige la direction à employer un agent qualifié, diplômé, correctement préparé au milieu de la géronto-psychiatrie, hormis – bien entendu – les intervenants du secteur sanitaire, médecins, infirmières, aides-soignantes... Et rien n'oblige le propriétaire d'une maison de retraite à recruter un directeur qualifié pour ce poste essentiel. Parfois, il s'agit d'une affaire de famille. Un membre, étant propriétaire, désigne un autre membre à la direction. Ce qui complique la tâche du personnel, et interdit quasiment aux familles des résidants toute plainte, même justifiée. Quel homme prendrait des sanctions contre son épouse, sa fille ou son gendre, ou l'inverse ? Dans les grands groupes privés, dont certains sont désormais cotés en Bourse, où les OPA ne sont pas rares, le directeur d'un établissement doit en revanche rendre des comptes et sait qu'il est sur un siège éjectable. Mais jusqu'à aujourd'hui, aucune formation particulière n'est exigée de lui. Certains l'ont, d'autres pas... Les syndicats attendent un décret pour 2007, et se posera alors le problème du temps nécessaire à l'obtention de ce diplôme, de la qualification des directeurs en place depuis des années.

Ce projet de décret prévoit un délai de 7 à 10 ans pour qu'ils se professionnalisent. Que penser aussi du passage de ce projet de décret qui autoriserait un directeur à diriger plusieurs établissements sans limitation de nombre ou de capacité d'accueil ? Le texte du projet de décret permet tout sur ce dernier point.

Dans mon cas, en 2002, à chaque fois que je présente une réclamation, je me trouve face à un mur. Pourtant je m'obstine, en m'efforçant d'être diplomate, mais mon caractère entier, idéaliste, se heurte à cette politique du « Oui, oui. On verra... »

Au bout d'une année de présence, et à la suite de la tentative d'agression dont j'ai failli être victime, je me décide à utiliser la technique de la lettre recommandée « diplomatique ».

Au terme d'une année de collaboration, j'ai éprouvé la nécessité de faire un bilan. Si celui-ci est globalement positif, il reste des points particuliers qui m'amènent à prendre la décision de dénoncer la convention signée par vous et moi le 15 décembre 2000 avec effet immédiat.

ÇA COMMENCE BIEN

Cette convention contient de nombreux articles qui sont en contravention avec les règlements en vigueur, et induisent aussi des aberrations sur le plan de la déontologie professionnelle.

Dans la pénurie de professionnels infirmiers où se trouvent les entreprises sanitaires, j'ai fait venir dans votre établissement trois professionnels, des amis très proches. L'un d'eux, ayant décidé d'arrêter ses interventions d'après-midi, vous en a fait part verbalement il y a trois mois, puis par écrit il y a un mois. Les difficultés qui lui ont été faites sont inadmissibles.

En plus de mon travail d'infirmier, je me suis efforcé de contribuer à la valorisation de votre établissement. Le partenariat avec l'Éducation nationale et ses filières de santé en est un exemple. J'espère que nous pourrons continuer dans cette voie, ensemble autour de l'école d'aides-soignantes qui devrait s'ouvrir au lycée où j'interviens depuis des années en tant que partenaire professionnel.

La seule chose que j'attends en retour, c'est un peu de respect pour moi-même et pour les amis collègues qui m'ont suivi chez vous. Or c'est bien souvent le contraire qui se produit lorsque les membres du personnel salariés, sous votre autorité et votre responsabilité, nous manquent de respect et vont jusqu'à des menaces de violences physiques. Le cas s'est produit, je l'ai dénoncé.

La plupart de vos salariés n'ont pas de formation ou de qualification, et quand ils en ont une, ils sont employés à des postes en inadéquation avec elle. Il me semble paradoxal que ce soit aux intervenants professionnels de s'adapter aux employés qui n'ont pas de qualité. Je crois même que dans notre décret de compétence professionnelle nous avons une capacité, une obligation d'encadrement de ces personnes.

Habituellement, dans les établissements sanitaires et sociaux, les activités de soins et de santé prévalent sur les activités domestiques, et je regrette que trop souvent ce soit le contraire chez vous.

Vous aurez compris que l'objet de cette lettre est de relancer une dynamique constructive entre nous, car ni moi ni mes amis ne pourrons nous résigner à travailler comme certains de nos confrères, que vous critiquez (et je vous approuve), mais dont je peux parfois comprendre la démotivation.

Avec mes salutations [...].

ÇA COMMENCE BIEN

Au bout d'un an de présence dans cette maison, je suis donc celui qui a fait renvoyer une employée – remplacée par une autre, de capacité équivalente. Au fond, le recrutement d'une agent de service hospitalier (ASH) se résume à l'embauche sur le tas : qui veut faire des ménages dans le secteur ? Emploi peu valorisant, mal rémunéré, qui fonctionne probablement par un bouche-à-oreille dans le quartier, avec l'avantage de réduire un peu le taux de chômage local.

Il n'est pas demandé à une ASH, puisque ce sont la plupart du temps des femmes habituées en principe au ménage, de passer le concours de nettoyage des chambres et des locaux. En revanche, la direction a tout intérêt à la former elle-même, et un minimum de psychologie lors de l'entretien d'embauche permet au moins de distinguer qui supportera la coexistence avec les vieillards, et qui ne la supportera pas. Qui sera respectueux ou non du territoire attribué au résidant. Ne jamais oublier qu'il est « chez lui », que cette chambre dans cette résidence est son lieu d'habitation, et qu'il a le droit d'y vivre comme il le désire.

Grâce à la formation continue, un agent peut atteindre la qualification d'aide-soignante en passant un concours, et contribuer ainsi à résoudre l'éternel problème de manque de personnel qualifié. Mais dans cet établissement-là le personnel se résume aux femmes de ménage et aux infirmiers, chapeautés par les trois personnes ayant reçu une délégation de direction.

Or, l'aide-soignante est pour moi indispensable. Mais à l'époque, dans cet établissement, comme dans d'autres qui sont spécialisés en Alzheimer bien qu'étant médicalisés uniquement par le libéral, la réponse était : « Nous n'avons pas de financement pour embaucher des aides-soignantes. »

Il fallait bien faire avec. Mais je devais réagir à des choses que je juge incompatibles avec le respect des malades et une bonne tenue de l'établissement. Car une colère qui se déclenche dans une chambre se répercute forcément sur les autres patients. Ils sont inquiets, angoissés du fait que l'on agresse quelqu'un à côté d'eux. Rien ne leur dit qu'ils ne vont pas être agressés eux-mêmes, et c'est terrorisant.

Par ailleurs, j'avais constaté que le pool d'infirmiers libéraux passait énormément de temps dans les déplacements entre les étages, et d'un bout à l'autre de la résidence. Les patients attribués à chaque équipe étant dispersés, c'était non seulement fatigant, mais improductif pour l'établissement, compte tenu de la perte de temps. Il n'y avait qu'un ascenseur, qui tombait en panne régulièrement, car il était dépourvu de contrat d'entretien.

Le malheureux réparateur du coin ne pouvait pas faire de miracle, ce qui nous amenait à des situations grotesques dans le transfert des résidants. C'est terrible, un ascenseur en panne lorsqu'il faut transférer des invalides en fauteuil à la main par les escaliers et qu'il reste en panne une semaine. Les infirmiers refusaient cette manœuvre dangereuse avec raison, en revanche les salariés obtempéraient, sans doute par crainte de perdre leur emploi.

Puisque nous étions quatre équipes d'infirmiers pour deux étages, et que chaque étage comportait deux ailes, il était possible d'envisager petit à petit, sur un mode non traumatisant pour les résidants, que chaque équipe s'occupe d'une aile et y reste. Plus d'ascenseur à prendre, moins de circulation avec les chariots de soins, et une meilleure surveillance des patients. En laissant une porte entrebâillée, on entend ce qui se passe. Si quelqu'un tombe, ou crie, ou appelle à l'aide, on peut être immédiatement sur place. C'est ainsi que j'ai entendu un jour une patiente qui criait soudain de façon insolite. Comme il n'y avait pas beaucoup de chambres entre celle où je me trouvais et la sienne, nous sommes arrivés à temps, ma collègue et moi. La malheureuse était agressée par une autre résidante, en pleine crise de démence, qui tentait de l'étouffer... Elle en avait assez de l'entendre crier, tout simplement. Dans des secteurs de gériatrie aiguë, certains malades sont terriblement agressifs entre eux. J'ai entendu un jour une future aide-soignante me dire : « Ils sont méchants, les vieux. »

Certains le sont. Parce qu'ils ont été très méchants enfants, et que la société les a contraints, en principe, à réfréner leurs pulsions. Lorsqu'ils vieillissent, qu'ils sont malades, abandonnés, que les barrières sociales disparaissent dans la terreur du vieillissement et à l'approche de la mort, ils redeviennent très méchants entre eux, voire contre euxmêmes. Et parfois aussi avec les soignants. J'ai pris une claque monumentale un jour de la part d'une résidante, sans raison précise, comme un refus qui ne parvenait pas à s'exprimer. C'est dans ces moments-là qu'il faut être armé de professionnalisme, avoir appris à calmer et contenir la violence et à demander de l'aide si nécessaire. Sans formation, ou avec une formation insuffisante, on est démuni. L'expérience aide, mais j'ai toujours pensé qu'il fallait aller plus loin en gériatrie, et je l'ai fait assez vite après ce séjour dans cet établissement, par besoin de comprendre mieux encore et d'apprendre plus que par mon expérience, pour pouvoir transmettre ensuite.

Ce sont des patients lourds qui sont le plus souvent confiés aux établissements. Des êtres humains qui souffrent physiquement – par exemple d'escarres, s'ils ne sont pas suivis de très près, et rien n'est plus douloureux. Ils souffrent aussi d'isolement, de la perte de contrôle de leur vie sans mémoire, privés de leur existence même alors qu'ils sont encore vivants.

Une malheureuse criait régulièrement, et bien souvent on lui faisait prendre des calmants, à ma connaissance sans évaluation par un neurologue de l'évolution de sa démence et des effets secondaires possibles. En ma qualité d'infirmier, j'avais l'obligation de disposer d'une prescription écrite pour faire absorber à quelqu'un un médicament, quel qu'il soit, surtout un neuroleptique, dont on sait que dans certains cas de démence la prise peut être contre-indiquée.

Je refusais donc de me plier à cette habitude consistant à lui faire avaler ce sirop calmant. J'estimais que cette femme avait le droit d'être examinée en hôpital de jour dans un service spécialisé, quitte à ce qu'elle y passe une semaine et bénéficie peut-être d'un traitement moins abrutissant et adapté à son cas. La réponse était nette de la part du médecin régnant :

— C'est moi qui décide, je suis le médecin.

Les hurlements de cette pauvre femme devaient s'entendre jusqu'aux appartements de la direction.

En revanche, la surveillance de l'autre patiente, agressive au point de vouloir étrangler sa voisine de chambre, ne pouvait être assurée suffisamment, par manque de personnel. Au pire, on l'expédierait quelque temps en psychiatrie.

J'aurais aimé des relations plus humaines. Non pyramidales, mais horizontales. Que chacun et chacune, médecin, gouvernante, directeur, infirmiers et employées faisant fonction d'aides-soignantes, se parlent régulièrement. Dans les services de soins palliatifs, les équipes échangent, se soutiennent, s'informent, doutent ensemble, agissent ensemble. Pourquoi ne pas instituer ce genre de rapport dans les établissements recevant entre autres des patients atteints de grandes démences en évolution, prélude terrible à une fin de vie perdue sur une planète inconnue des autres ? Parler, confronter ses observations ne coûte rien, à part la bonne volonté des uns et des autres, et un peu de son temps. Mais c'était irréaliste. Propriétaire trop souvent absent, direction sans autorité sur son personnel, médecin de style « mandarin » exerçant sur deux établissements et refusant toute observation extérieure, toute concertation. Je m'en suis rendu compte très tôt. On m'avait demandé de prendre en charge un monsieur de 85 ans, alité avec une fracture du col du fémur non consolidée. Il présentait des escarres légères. Il souffrait terriblement dès qu'on le mobilisait. Le médecin avait prescrit de le mettre régulièrement au fauteuil, pour éviter les escarres, mais en le manipulant je sentais cette fracture qui faisait du yoyo, et j'avais mal pour cet homme. Il était avec sa femme dans une chambre à deux lits. Elle était aveugle, mais pas sourde, et le seul lien qui lui restait avec son époux, c'étaient justement ses cris de souffrance dès qu'on le bougeait. Le simple fait d'exécuter les soins normaux, habituels, en roulement, dans le lit, était déjà très douloureux, et une fois qu'il était au fauteuil il n'était vraiment pas bien du tout. J'étais seul pour le transférer – il n'était pas gros ni grand, mais je sentais entre mes bras une masse de souffrance en l'asseyant. Avec son os brisé, il méritait d'être au lit. Mais selon le chef médecin, il avait déjà un début d'escarres, l'escarre étant le diable des maisons de retraite. Il fallait le « mettre » au fauteuil !

— Mais il souffre le martyre. En le déplaçant je le torture !

— Pas question qu'il ait des escarres.

— Moi, ce que je ne veux pas, c'est qu'il souffre, d'escarres ou d'autre chose. D'abord, il faudrait calmer sa douleur. Ça ne devrait plus exister, les douleurs, il n'a même pas d'antalgique sérieux. Je l'installe latéralisé avec des oreillers dès que j'arrive, en partant je le latéralise dans l'autre sens. Je refuse de le mettre au fauteuil avec une souffrance pareille, à gémir avec sa femme à côté qui ne peut rien faire et vient le consoler à tâtons. Ils sont lucides, conscients, c'est une souffrance double !

Cette fois-là, je me suis bloqué comme un âne sur ses sabots et ça s'est moins mal passé. Il n'avait plus d'escarres, souffrait moins. Restait à attendre que la fracture se consolide.

Jusqu'au jour où, un dimanche matin, j'arrive pour lui faire sa toilette. Je mets ma main sur sa peau en regard de la fracture pour vérifier la chaleur cutanée, et je sens sous la peau comme des billes. Comme un crépitement, typique, il me semble, de la gangrène gazeuse.

Immédiatement, j'appelle le médecin.

— Holà !... Ne bouge pas. Je verrai ça lundi.

Rien d'autre. Pas le temps de se faire confirmer la chose, de savoir ce qu'il faut faire. Non. Il verra lundi.

Je téléphone à un ami médecin pour être sûr. Je lui explique ce que je sens à la palpation.

— La personne a une fracture non consolidée et mobile en dessous. Est-ce que je me trompe ou c'est une gangrène gazeuse ? Est-ce qu'il n'y a pas des mesures particulières à prendre ?

— Il faut te bouger en vitesse, mon vieux, c'est à prendre au sérieux !

Je téléphone au directeur :

— Je crois que c'est une gangrène gazeuse. Il y a un minimum de mesures à prendre pour lui comme pour son épouse ou pour les soignants. J'ai appelé le docteur, qui me demande d'attendre lundi...

— Je vois. Je m'en occupe.

Le lendemain, mon petit monsieur était mort. Je ne sais pas de quoi. De crise cardiaque, ou de trop de souffrance. En tout cas, il avait réglé seul le problème. Et, le lundi, je me faisais sermonner par le médecin, car il avait appris par le directeur que je m'étais renseigné auprès d'un autre.

— Inutile d'appeler la Faculté au secours quand il y a un souci médical. Je te dis quoi faire, et ça doit te suffire.

— Non. Pas forcément, tu n'es pas le bon Dieu. Je peux me tromper, tu peux te tromper, nous avons droit à l'erreur, mais on peut en parler.

— Tu exagères toujours. Tu voulais nous faire évacuer la résidence, pendant que tu y étais ?

J'ignorais ce qui est prévu dans ces cas-là, mon rôle était de tirer la sonnette d'alarme, et le sien de prendre les mesures nécessaires. D'examiner le malade, au moins !

Mais, en tout état de cause, on ne dit pas à un infirmier qui fait son travail : « Je verrai ça lundi. »

Ou alors on change de métier.

3.

Si j'avais su

Souvent, en quittant l'établissement, je me disais : « Tu n'y arriveras pas, c'est fichu. Tu t'es trompé sur la capacité d'adaptation et d'évolution de ces gens, le curseur n'ira jamais dans le bon sens. »
Et ce possible demi-échec me tourmentait.
Avec ma collègue de travail, nous avions dû investir depuis le début, tout simplement pour notre confort de travail. Un sèche-cheveux pour les patients, un coupe-ongles... des choses dérisoires mais nécessaires : puisque nous sommes supposés laver les cheveux, il faut les sécher... couper les ongles des mains et des pieds, avec quoi ? Cette absence de matériel est permanente, l'établissement considérant que les infirmiers libéraux se débrouillent avec leur propre matériel.

Lorsqu'on fait la toilette intime d'un patient, les gants de toilette sont indispensables pour laver les souillures. Il n'y a pas de gants de toilette jetables. Nous utilisons donc des gants en tissu qu'il faut rincer et évacuer dans un endroit prévu à cet effet. Faute d'équipement, je ne trouve qu'une solution, la « moins pire » : les déposer sur le rebord des cuvettes de toilettes, après l'avoir rincé. J'attendais sans y croire que la direction trouve une solution pour ce genre de linge souillé, que je ne pouvais décemment pas trimballer tout le long du couloir pour le poser dans un recoin inadapté.

Je n'ai gagné qu'une animosité renouvelée de la part du personnel.

— Il laisse les gants dégoûtants sur la cuvette des W-C...

Les sacs de déchets organiques existent. À première vue, ils n'étaient pas prévus dans le budget. Comme les couches d'incontinence, mal réparties entre les chambres, nous obligeant à utiliser la réserve de la chambre voisine, et ainsi de suite, jusqu'à épuisement des possibilités. La facturation aux familles des protections pour incontinence devenait alors des plus fantaisistes.

SI J'AVAIS SU

La pharmacie nous posait aussi problème. Tout le monde entrait dans cette pièce trop petite, dotée d'une armoire et d'étagères sur lesquelles s'empilaient les surplus de médicaments non consommés, pour une réutilisation éventuelle. Ce que j'appelle une « pharmacie sauvage », et que l'on nous demandait d'organiser. J'ai refusé. Une telle concentration de produits sans prescriptions est illégale. Pour gérer une pharmacie, il faut être pharmacien ou médecin. Et dans le cas de surplus non utilisés, seul le médecin peut se charger de les gérer directement. Dans un endroit fermé à clé. Il y avait des produits de toutes sortes, du plus anodin au plus dangereux, demeurés sans destination pour des raisons diverses : changement de traitement, départ ou décès d'un résidant.

Je ne devais m'occuper personnellement que des produits destinés à chaque patient pour lequel je disposais d'une prescription médicale. Il aurait dû y avoir un casier par personne avec son nom et son traitement. Là aussi, je suis le mauvais coucheur en disant que cette pharmacie est un vrai bazar, qu'il n'y a pas assez de place, que les sachets de plastique contenant les médicaments livrés par la pharmacie se retrouvent forcément entassés par terre, parce qu'il n'y a pas de casiers, et pas de place. Comme rien ne bouge, je finis par acheter moi-même des petites bassines rectangulaires que je dote d'une étiquette portant le nom de chaque patient. Et après la tournée du matin, nous préparons les médicaments du soir, au cas où nous aurions un empêchement, un retard, de façon à ce que la transmission se fasse sans inconvénient pour le résidant. J'ai fabriqué à cet effet un pilulier de secours. Une simple boîte à vis avec de petites cases et le nom du résidant. J'ai même dû acheter un thermomètre ! Pour finir, en guise de sécurité pour le transport de notre matériel de chambre en chambre, une caisse à outils, puisqu'il n'y a pas assez de chariot de soins. Et des paquets de gants, puisque les salariés n'en ont pas à disposition. Et ils ne se privent pas de se servir dans mes stocks. Dire qu'il existe des chariots de soins où tout peut être rangé correctement, avec deux corbeilles décrochables. Comme l'une est destinée au linge sale et l'autre aux couches souillées, on peut les laisser devant la porte de la chambre pour limiter la propagation des germes.

Je subis et je m'adapte mal, avec des hauts et des bas dans le moral. Il faut bien travailler, gagner sa vie, même dans de piètres conditions. Par réaction, je m'efforce de ne rien laisser passer. S'il faut prévenir une famille, en l'occurrence la fille d'une dame particulièrement dépressive, difficile et démente, je le fais. On laisse manger sa maman toute seule, son plateau sur le ventre, les mains pleines, souillées parce qu'elle ne cesse de tirer sur ses couches de protection, d'y glisser les mains... J'alerte. Cette malheureuse est particulièrement émouvante et difficile. Mais aucune garde de crèche ne laisserait un enfant faire la même chose ! On ne doit pas se contenter de rire de cette pauvre maman, en refermant la porte de sa chambre sur une plaisanterie de mauvais goût, du genre « elle est en train de se faire une tartine de chocolat ». Et si j'en parle au « patron », de plus en plus ulcéré par mes remarques, c'est là que je m'entends répondre :

— Personne n'est jamais mort de ça...

Cette phrase m'a frappé particulièrement. Prononcée par un patron d'établissement pour personnes âgées ! Je l'aurais peut-être admise d'un simple salarié, et encore.

Car si, justement, on peut en mourir. Une épidémie de gastro-entérite dans une maison de retraite peut faire des victimes. Sans parler de la décence.

Il aurait dû, à mes yeux, convoquer les ricaneuses, leur demander à l'avenir non seulement de s'abstenir de ce genre de remarque, mais surtout de prendre la minute nécessaire au lavage des mains de cette vieille dame. Et une minute supplémentaire pour la changer. Et, s'il le faut, une autre minute pour isoler sa protection d'une culotte spéciale pour maintenir le tout. Mais non, il ne dit rien, et je retrouve régulièrement le matin, sur la table de nuit, la culotte spéciale qui n'a pas été mise. Ou sale. Et les couches par terre, puisque la poubelle est encore trop loin dans le couloir. Et on continue à ricaner, à me prendre pour l'empêcheur de danser en rond. Puisque la direction ne s'acharne pas, pourquoi s'en faire ? Quant à l'emmerdeur que je suis, il n'a qu'à se débrouiller avec les familles, le soir. Car c'est à lui qu'on adresse les récriminations. Il est le plus proche de certains résidants. Mais il a les mains liées, ce n'est pas lui qui dirige ce navire sans gouvernail solide.

— Pourquoi vous ne changez pas sa robe ? Elle est sale, elle l'avait déjà hier ! Elle sent mauvais !

Je ne peux pas répondre : « Je n'avais pas d'autres robes à lui mettre. Le linge étant géré en interne, s'il ne revient pas de la lingerie à ma disposition pour la toilette du matin, je ne peux pas faire mieux. » Si je dis cela, je mets le système en cause, « je crache dans la soupe », comme disent certains salariés.

Je suis donc contraint de jouer le jeu, et de répondre :

— Je n'avais que ça sous la main...

Piètre explication. Cette attitude qui me place au même rang que les autres, dans la médiocrité, me pèse de plus en plus. Que dire lorsqu'on voit le chariot des petits déjeuners sortir de l'ascenseur et rouler dans un amas de matières fécales, continuer à rouler jusqu'au bout du couloir en laissant des pointillés au sol, aller et retour, pour redescendre aux cuisines par le même ascenseur ? Que dire lorsqu'on retrouve les mêmes matières sur des barrières de lit, sèches depuis la veille ? Qui nettoie jamais les fauteuils roulants encrassés de résidus alimentaires, aux roues douteuses ?

Je côtoie tout simplement des personnes qui n'ont aucun sens des valeurs, de l'hygiène de base, et aucun sens de l'humain. Je me sens mal dans ma peau, et remets tout en question.

Que suis-je venu faire dans cette galère ? Je me suis laissé débaucher, tenté par une idée qui me paraît presque irréalisable dans ce contexte, et avec l'homme qui l'a pourtant suscitée. Je l'ai incité à créer un SSIAD autour de l'établissement. Les premiers contacts ont été pris pour ça. Je l'ai mis en relation avec des amis de longue date, capables de monter le dossier à présenter à l'organisme de tutelle. Ces gens sont des professionnels, ils se sont déjà occupés du dossier d'une maison de retraite associative dans une cité voisine, et je crains maintenant de les avoir embarqués sur un projet bancal. Sur le principe, c'est l'idéal : il met en synergie le privé lucratif et l'associatif à but non lucratif, et permet de tisser une toile d'accès aux soins dans un secteur défavorisé. Mais je ne le vois plus du tout du même œil, devant l'attitude désinvolte de cet homme et l'incurie de la « direction ». Ils se sont servis de moi, et de mon idéalisme. Le dossier administratif d'un SSIAD, une fois accepté, aurait permis de contribuer au maintien à domicile dans le bassin de vie autour de l'établissement. Et ce bassin de vie est très défavorisé, sous-équipé en matière de structures d'accompagnement pour personnes âgées. Si parallèlement aux soins à domicile on instaure dans la maison de retraite un lien avec ce service, puis une extension pour des lits de séjour provisoire ou d'accueil de jour, il est alors possible de transférer des patients de leur domicile au séjour temporaire, selon leurs besoins. C'est le maillage du secteur, la « mise en réseau » tant préconisée.

L'intérêt est double. Commercial pour l'établissement, qui rentabilise au mieux ses lits supplémentaires, social pour les habitants, en manque de solution de secours. On peut aussi espérer créer quelques lits d'accueil de jour thérapeutique avec des financements de l'assurance-maladie, connectés aux services de gériatrie de l'hôpital de secteur, et c'est un plus non négligeable. On peut même rêver d'une extension sur un terrain proche pour y construire des appartements adaptés au 3e âge autonome. On met alors en place cette toile de ressources médico-sociales à laquelle je songe depuis longtemps. Envisager la gériatrie de façon globale sur un secteur donné.

Mais les six derniers mois de ma présence dans cet établissement se transforment en escalade de déceptions et de comportements de plus en plus limites.

Peut-on installer un résidant dans une pièce de débarras dotée d'un évier où le personnel a l'habitude de venir changer l'eau des frottoirs de sol?... Peut-on considérer qu'en y mettant une armoire et un lit, en lieu et place des seaux et des balais, cette pièce devient une chambre?

En tout cas, c'est dans ce local que je dois prendre soin d'une vieille dame, l'aider à sa toilette, et la regarder nettoyer son dentier au-dessus d'un frottoir qu'une fille a oublié dans l'évier. Ce spectacle me révolte. L'établissement, en surcharge, a promis à la famille que la vieille dame ne resterait pas très longtemps dans ce cagibi. Qu'un lit allait se libérer.

Mais quand? C'est le problème. On est en dépassement de lits. Il y a un autre cagibi à un autre étage, il servira un jour ou l'autre de chambre de transit.

Et puis certains cherchent visiblement à me mettre en faute. Je dérange. Une de mes patientes a une manie, elle ne cesse de récupérer son appareil auditif pour dormir avec. Évidemment, il tombe pendant la nuit, et le matin elle le cherche partout, c'est un rituel.

SI J'AVAIS SU

Au moment des soins du coucher, je le lui enlève soigneusement, le pose avec sa boîte dans la table de nuit ou dans l'armoire, mais dès que j'ai tourné le dos, elle se relève et le remet. Un matin, elle se retrouve sortie du lit, fenêtres ouvertes, gelée sur son fauteuil devant un lit sans draps. J'arrive, je l'entends se plaindre : « J'ai froid, j'ai froid... » Je ferme la fenêtre et la couvre d'une robe de chambre.

Le malheur est qu'elle n'a pas son appareil, il a dû tomber dans les draps, et les draps mouillés sont déjà partis à la buanderie. Le tout passe à la machine à laver. Et la famille vient me réclamer l'appareil. Elle estime que s'il est parti dans les draps, c'est ma faute.

— Je suis désolé, mais quand j'arrive, les draps ne sont déjà plus là.

— Oui, mais vous auriez dû...

— J'aurais dû quoi ? Je le lui enlève le soir, je le range où il faut, votre maman se relève pour le remettre, personne ne peut l'en empêcher, elle se recouche, s'endort, il tombe. Normalement ce n'est pas grave, elle le retrouve le matin, mais la personne qui vient prendre les draps les prend avant que j'arrive. Elle n'a pas vérifié et tout est parti à la machine. Je pense que c'est ce qui s'est passé. Demandez à cette personne. C'est une salariée, adressez-vous à la direction de l'établissement...

Mais elle insiste. On lui a dit que c'était à moi de régler l'affaire.

— Moi ? Comment ça ?

— On m'a dit de m'adresser à vous !

Et elle pleure, l'appareil coûte cher, son mari va la battre si elle en rachète un autre car c'est, semble-t-il, la deuxième fois qu'un tel incident arrive. Elle me noie dans un flot de paroles pour m'expliquer une histoire de famille compliquée. Au bout d'un moment, je lui propose de faire une déclaration à mon assurance professionnelle qui, si je suis responsable, le dira... Mais sincèrement, je n'y crois pas. Pour moi, c'est au pire à l'établissement de rembourser. C'est lui qui emploie une salariée chargée d'évacuer les draps. C'est lui qui devrait déclarer l'incident à son assurance.

Je n'ai plus entendu parler de rien. Mais j'ai senti ce jour-là une rupture avec la direction. Je ne suis pas devenu paranoïaque, j'ai compris. C'était la deuxième fois que l'appareil de cette pauvre dame disparaissait. Il avait déjà été détruit une première fois dans la machine à laver, et la famille en a racheté un. Ce premier problème de l'appareil auditif avait eu lieu avant mon arrivée dans l'établissement. Alors pour ce deuxième incident, certains ont sans doute préféré dire : « C'est l'infirmier. »

Une résidante agitée frappe la veilleuse de nuit et lui casse les lunettes, qu'elle avait achetées peu de temps auparavant. Les lunettes coûtent toujours trop cher quand on a un petit salaire, et les organismes sociaux remboursent très peu. Elle fait une déclaration de l'incident à son employeur et demande qu'on lui remplace ses lunettes. La direction va « obliger » la fille de la résidante à payer une nouvelle paire de lunettes à la veilleuse de nuit. Elle a accepté de payer de peur qu'on ne mette sa mère à la porte de l'établissement.

Lunettes ou appareil auditif, des situations différentes qui ont un point commun : la responsabilité de la maison de retraite n'est pas engagée. Peut-être est-ce juridiquement normal. Je ne sais pas. Mais cela me choque.

C'est une autre phase : après m'avoir retiré la possibilité d'engager toute vraie démarche de qualité, ne pas avoir tenu compte de mes appels à la prudence, de mes recommandations, certains commencent à vouloir me faire endosser des erreurs. Je me dis, à partir de là, qu'il faut songer à partir...

Je ne vais pas commencer à me disputer avec la lingère, ni avec la dame intitulée « référente qualité », ni avec un patron qui n'est pas assez prudent. J'aime mes patients, mais le malaise est grandissant. Me poser des problèmes avec la famille d'un résidant, c'est grave pour moi, et d'autres événements sont encore plus graves pour les résidants.

— Par exemple cette dame que personne ne surveille, qui trottine difficilement jusqu'au jardin, où des buissons ont été taillés. Il reste au sol des tiges de dix centimètres, coupées en pointe. Elle trébuche et tombe sur les tiges, qui lui esquintent la paupière.

J'ai du mal à accepter ce genre d'« incident ». J'ai du mal à accepter la phrase ritournelle : « Mais "ils" tombent tout le temps ! On ne peut pas être tout le temps après "eux" ! »

Une autre patiente de 75 ans veut souvent se recoucher dans son lit en milieu de matinée. Mais le lit, à hauteur variable, a été monté au maximum et les barrières latérales ont été relevées : le lit doit rester propre et « tiré au carré ». On ne redescendra le lit à une hauteur normale qu'après le repas de midi, car souvent les familles viennent l'après-midi. Le seul problème est que cette résidante veut se coucher, et qu'elle n'hésite pas à tenter l'escalade en grimpant sur une chaise. Nos mises en garde contre les risques de chute n'y ont rien fait et ce que l'on craignait est arrivé. Nous l'avons retrouvée allongée par terre au pied du lit en hauteur maximale. Diagnostic : fracture du col du fémur. Pour couper court à tout commentaire, il est évoqué une « fracture spontanée ». Édifiant ! « Grabatisant ! »

Bien sûr qu'ils tombent, les pauvres. Ils tombent sur le carrelage mouillé de leur chambre ou des couloirs, ils tombent dans les escaliers, ils tombent parce que personne ne les surveille. Et je les vois arriver, les ecchymoses, les bleus, les égratignures aux bras.

S'il n'y avait que cela... Je retrouve une patiente avec la lèvre inférieure déchirée, une incisive supérieure qui saigne et menace de tomber. Que s'est-il passé ?

— Elle refuse de manger, elle serre les dents, on ne peut même pas passer une petite cuillère.

Quelqu'un (elles sont deux pour nourrir une vingtaine de résidants Alzheimer) a vraisemblablement forcé sur la bouche de cette femme pour tenter d'y introduire de force des aliments.

Je la connais bien, cette malade, elle grince des dents en permanence. Pour la décrisper, il faut masser le muscle crispé qui fait saillie sur la mâchoire doucement, doucement, jusqu'au moment où elle ouvre la bouche d'elle-même...

— C'est long...

Ça prend du temps, bien sûr. Mais un établissement spécialisé dans l'accueil des malades de ce type devrait s'en donner les moyens. La solution consistant à perfuser la malade déshydratée plutôt que de la faire boire ou de la nourrir n'est pas la bonne.

La cohabitation des résidants dans les mêmes pièces est parfois dangereuse. Cette malheureuse, atteinte par la maladie de façon précoce – à peine 55 ans –, déambulait sans arrêt, criait, hurlait même. Un jour, quelqu'un s'est levé brusquement pour la repousser avec violence contre un angle saillant. Résultat, la pauvre femme se retrouve littéralement scalpée. Une trentaine de points de suture, la moitié du crâne. Et lorsque la famille demande ce qui s'est passé, on lui répond : « Elle est tombée. » Ils tombent tous. C'est facile. Quand on sait de façon évidente qu'ils peuvent être dangereux et agressifs entre eux, voire pour eux-mêmes, il faut se montrer plus vigilant. C'est vrai que ça coûte du personnel. Moi, mon problème n'est pas là. Je ne suis pas en train de chercher des responsables ou des coupables. Mon but est de mettre en évidence que des personnes sont en danger. Que les problèmes soient d'ordre social ou local, le fait de la terre entière ou d'un seul individu, ça n'est pas à moi de juger.

Ça ne marche pas, danger, il faut le dire.

Pas d'encadrement suffisant, pas de budget. Le « secteur protégé » fait ce qu'il peut avec les grands déments... j'entends ça depuis trop longtemps et cela vaut pour d'autres maisons de retraite.

Que faire ? Les sources de financement ne sont pas suffisantes à l'heure actuelle. Le personnel n'est pas suffisamment formé sur la maladie d'Alzheimer. La maladie progresse en France de plus de 2 000 cas par an. L'État en a fait une « priorité » en 2006. C'est bien, mais concrètement ? Toutes les maisons de retraite, classées en EHPAD ou non, accueillent des personnes atteintes de cette maladie. Alzheimer est à la mode. Cette appellation est une sorte de fourre-tout qui englobe des démences différentes. Mais la prise en charge n'a pas tellement évolué dans les établissements. On nous a expliqué qu'il ne fallait pas constituer des « ghettos Alzheimer », qu'il fallait répartir les malades sur tout le territoire. La capacité en accueil temporaire demeure dérisoire. Comme les places en hôpital ou accueil de jour pour soulager les familles. J'ai reçu le témoignage d'une famille désespérée, contrainte de retirer le père d'un établissement pourtant cher, et d'apparence luxueuse. Pas de visite médicale d'appréciation avant l'acceptation du dossier. Pas de contact avec le médecin coordonnateur, médicaments déposés sur le plateau (je l'ai vu trop souvent...) à disposition du malade, qui par définition oublie de les prendre. Pas de toilette, le malade affirmant « je la fais tout seul », ce qui est évidemment faux. Absence de suivi médical, perte d'une prescription du médecin traitant pour une analyse, changement de prise d'un médicament, du soir au matin, sans avertissement, et le plus souvent pas de contact avec le médecin traitant. Non-respect du régime hyposodé et hypoglycémique, ni lavé ni rasé, prothèse dentaire oubliée dans la bouche du patient, hypertension augmentée. Et l'on découvre que le malade n'a pas été pris en charge dans le secteur Alzheimer, demeuré invisible pour la famille. Il a été d'office classé en dépendance modérée, dans une chambre à plus de 131 euros par jour. Bien entendu, ce séjour « hôtelier » est interrompu par la famille, exaspérée au bout de huit jours.

Explication de cette direction : le classement de la dépendance et le tarif devaient être régularisés le mois suivant, après évaluation dans les quinze jours de la dépendance réelle par le médecin coordonnateur. D'autre part, il manque une infirmière. Et le dossier médical réclamé à l'entrée, établi par un neurologue hospitalier ? Et la prescription ?

Désolé, c'est perdu...

Conclusion tripartite, à la fois du médecin généraliste, du cardiologue et du neurologue, tous trois ayant suivi le malade depuis cinq ans : « Dans cet établissement, il ne faut pas être malade. Je n'y mets plus les pieds. »

Et dans celui où j'exerce depuis près de deux ans, comme dans d'autres, il ne faudrait sans doute pas être vieux.

La solution, c'est la famille, l'aidant naturel. Encore faut-il pouvoir réellement l'aider, cet aidant. Un congé familial pris en charge par l'employeur ? Et les aidants qui ne sont pas salariés ? Les artisans, les commerçants, les retraités, les libéraux, qui leur donne congé pour s'occuper de leur père ou de leur mère – ce qu'ils font déjà de toute façon ? De quel chapeau magique est sortie cette idée ? Il faut financer les maisons de retraite, des vraies, des bien, c'est indispensable. Financer l'aide à domicile, rémunérer le secteur des métiers de l'aide à la personne dignement, former des aides-soignants dignes de ce nom, et contrôler, réellement contrôler. Si les autorités de tutelle, par manque de moyens, ne peuvent pas, et on le comprend, surveiller des milliers d'établissements – d'autant plus qu'elles sont partie prenante dans l'acceptation de la construction et du suivi desdits établissements –, que ce contrôle soit confié à un organisme indépendant. Et qu'il se fasse aux heures de grand travail, le matin, le soir, la nuit... Si j'appelle la DDASS ou le conseil général pour dire : « Excusez-moi, mais j'exerce mon métier d'infirmier dans tel établissement, et ça ne va pas du tout », que va-t-on me répondre ?

Personne n'a déposé plainte, aucune famille ne s'est manifestée. Et c'est vrai. Pour moi, l'explication est simple, elle peut tenir à la désinvolture de certaines familles et surtout à la crainte des autres de se voir répondre . « Vous n'êtes pas content ? Reprenez votre grand-mère, il y en a d'autres qui attendent. »

Ma collègue et moi commençons à nous faire sérieusement à l'idée de partir de l'endroit où nous travaillons. Comme il me reste encore quelques stagiaires programmés par le lycée, je décide d'assurer cette dernière mission avant de quitter cet endroit où je ne me sens pas bien. J'avais la foi en arrivant, un espoir que j'ai communiqué à ma collègue, nous allions pouvoir participer à quelque chose de bien, être utiles... Ça n'a pas marché. Sans compter que, depuis quelque temps, certains membres du personnel semblent considérer l'établissement comme un lieu de rencontres « amicales » avec de jeunes visiteurs. Amical étant un euphémisme, si j'en crois l'émotion d'une vieille dame indignée ayant surpris un spectacle édifiant derrière une porte.

À partir de cette période de fin d'année, j'enregistre mentalement tout ce qui ne va pas

— j'aurais dû filmer certaines scènes, si la déontologie me l'avait permis. Les bousculades pour être le premier à l'ascenseur en poussant le fauteuil d'un résidant. Les coudes qui dépassent, accrochés en pleine course. Les transferts sont si brusques, le personnel est si pressé quand il faut amener tout le monde à la salle à manger que j'ai vu un jour quelqu'un s'emparer du fauteuil de la personne et reculer précipitamment pour atteindre l'ascenseur, au point de laisser les chaussons du résidant sur place.

Beaucoup agissent avec des sortes d'automatismes, comme si les gens n'existaient plus. C'est ça qui fait mal. Parce que ces pauvres gens coincés dans leurs fauteuils sont totalement désemparés.

La direction de l'établissement ne parvient pas à imposer le respect, même celui des morts.

La première fois, j'ai été pris de court. Un collègue a un décès dans une chambre, il me dit :

— Tu m'aides ? Il faut qu'on fasse vite.

— La toilette ? L'habillage ? Tu as appelé les pompes funèbres ?

— Non, c'est trop long, c'est nous qui devons le faire.

J'aide mon collègue. Je pensais qu'on allait installer le corps sur son lit pour que la famille, s'il en avait, puisse le voir.

Mais mon collègue me dit :

— Il faut qu'on le descende au sous-sol.

— Comment ? Il n'y a pas de chariot. Il faut attendre les pompes funèbres.

Mais non, il faut enrouler le corps dans un drap, le plier pour l'asseoir dans le fauteuil, faire le guet pour qu'il n'y ait personne dans le couloir, rouler le fauteuil jusqu'à l'ascenseur – heureusement, il n'était pas en panne ce jour-là –, et descendre cet équipage jusqu'au sous-sol, dans une pièce aménagée.

J'en suis malade. Pour moi, le respect des morts, c'est important. Plier un pauvre monsieur en deux dans un drap, le coincer sur un fauteuil, comme un paquet, avant que le corps se rigidifie, parce qu'il n'y a pas de chariot...

On arrive en bas et on défait le « paquet » pour le réinstaller sur un lit, sans moyen pour réaliser une véritable préparation mortuaire – les tampons, bref, ce qu'il faut pour que le mort soit présentable. On a fait ce qu'on pouvait, avec du coton, de la gaze... Quand on ne fait pas ça très vite, tout se dégrade. Mais ce qui m'a bouleversé, c'est surtout le fait de plier cet homme et de le rouler empaqueté sur ce fauteuil.

Je n'ai pas compris pourquoi. Je ne sais même pas si c'est une question d'économie.

Mais un chariot, un transport digne et un endroit réfrigéré pour l'installer, ce serait le respect et la dignité du défunt. Nous avons abandonné ce monsieur dans cette pièce même pas réfrigérée.

Cette première fois, j'ai été pris par le contexte, le fait de vouloir aider, parce que c'était le patient d'un collègue.

Aussitôt, je demande à la direction s'il est possible d'acheter un chariot pour ce genre de situation, malheureusement susceptible de se reproduire.

— Oui, bien sûr, on va s'en occuper. Mais il y a déjà des frais sur la chaudière, plus d'autres qui arrivent...

Il y a toujours un problème d'argent ou de priorité.

À propos de chaudière, justement, j'aimerais bien savoir ce qui se passe. Souvent, à partir de 8 h 30, il n'y a plus d'eau chaude. Particulièrement l'hiver. Comme j'en ai assez de m'en plaindre sans recevoir d'écho, je vais voir ce qu'il en est. L'engin est relativement récent, relativement bien entretenu : je crois tout simplement que le débit est insuffisant. L'établissement est tout en longueur, le parcours de l'eau chaude est donc très important, et il faut attendre longtemps lorsqu'on ouvre un robinet avant que l'eau chaude arrive. D'où une consommation importante. Une situation qui pourrait sans doute se résoudre avec ce que l'on appelle une « boucle » en plomberie. Un tuyau branché au départ de la chaudière, qui se dédouble ensuite et fait circuler l'eau chaude sur deux conduits différents.

Avec ce système, l'eau qui circule en permanence dans la boucle, reste chaude. Il faut alors isoler les tuyaux pour ne pas avoir de déperdition. Ils sont sans doute là, les frais de chaudière...

Donc pas de chariot pour transporter les morts à venir. Je me suis obligé deux ou trois fois encore à utiliser ce système, puis j'ai refusé catégoriquement de le faire.

Mais j'ai eu l'occasion de me rendre compte à quel point une partie du personnel n'était pas préparée à la mort. Une femme s'écroule dans la salle à manger, morte – c'était son heure. Les résidants sont bloqués dans leurs

fauteuils, et la déléguée de direction s'affole complètement. Elle tourne en rond, prise de panique, s'empare du téléphone :
— Il faut que j'appelle... il faut que j'appelle...
— Calme-toi, on s'en occupe.
D'abord, il faut tourner les fauteuils les plus proches dans l'autre direction, vers l'extérieur. Pour qu'ils ne voient pas. Ensuite, on met une table verticalement devant le corps, pour l'isoler. Puis on fait sortir tous les autres résidants. Enfin, on peut agir.

Elle est partie téléphoner dans son bureau. Visiblement terrifiée par la mort.

J'ai dit aux employés d'aller chercher des draps, une couverture, un traversin pour installer le corps à peu près correctement, en attendant le constat de décès. Et de nouveau le fauteuil roulant, puisque pas de chariot.

Et toujours des couches par terre dans les couloirs, certains résidants qui trempent leurs mains dedans après la toilette, les draps enlevés à l'aube, des vieux sur leurs fauteuils, gelés devant une fenêtre ouverte, leurs lits protégés par des barrières : « On ne se recouche pas ! » « Vite, on mange ! Vite ! » Vite, toujours vite, avec une population qui ralentit ses mouvements jour après jour...

SI J'AVAIS SU

Voire même : « Empêchez-la de crier ! Donnez-lui de l'Atharax ! »
Et le médecin qui m'interpelle : « Il faut les faire boire ! »
Bien sûr, il faut les faire boire, je le fais le matin et le soir. Mais je ne suis pas là à longueur de journée, ce sont les salariés qui doivent « les faire boire ».
J'ai réclamé des consultations spécialisées, en neurologie, en pneumologie, mais le « mandarin coordonnateur » veut tout gérer lui-même. Si un des résidants a un médecin de famille, il n'existe le plus souvent plus que sur le papier. J'avais le net sentiment – heureusement sans doute excessif – que ces gens géraient un troupeau de lits et de fauteuils à roulettes, mais pas beaucoup plus.
Tout ça m'amène à l'effondrement des illusions, à la déprime. Et, dans ma profession, on ne peut pas se permettre le luxe d'aller jusqu'à la vraie dépression.
C'est décidé. Nous quitterons les lieux au début de l'année, le temps d'achever les prescriptions des patients pour lesquels j'ai demandé l'entente préalable. Dernier trimestre.
Et voilà qu'en décembre, quasiment pour Noël, nous recevons une lettre recommandée

avec accusé de réception, disant à peu près ceci : « Vous interviendrez jusqu'au 5 janvier, après quoi nous ne voulons plus de vous. »

Signé : « la direction ».

C'est curieux, car nous ne sommes pas ses employés, c'est notre clientèle, on ne peut pas nous remercier de cette façon, puisque les patients ont le libre choix de celui ou celle qui exécutera leurs prescriptions. Un avocat me conseille de négocier pour achever les dernières prescriptions qui s'étalent sur trois mois, le temps de me retourner financièrement. Mais un copain propriétaire d'une maison de retraite assez éloignée de chez nous me dit : « Venez travailler chez moi. Partez de là, vous n'y êtes pas bien. »

Il a raison. Je suppose que la direction est excédée par mes expériences, prête à tout pour nous faire partir. Mais deux mois plus tard, d'autres infirmiers libéraux sont remerciés également. Eux aussi avaient désapprouvé certains dysfonctionnements. Ce qui me donne à penser que l'on éloigne ceux qui critiquent l'établissement. Je songe depuis un moment à faire un signalement. Une seule chose m'a retenu jusque-là : le secret professionnel. À cette époque, une histoire court dans la presse nationale à propos d'un médecin qui aurait « brisé le secret professionnel en dénonçant un pédophile ». L'article du Code pénal de cette époque – 2003 – qui oblige au secret professionnel est rédigé de telle sorte qu'il nous ligote et nous bâillonne. Je réfléchis donc soigneusement. D'un côté, il y a obligation de signalement en cas de maltraitance. De l'autre, c'est une rupture de secret professionnel.

Il faut que je comprenne par où passer afin d'assumer mon obligation de signalement sans me mettre en défaut comme ce malheureux médecin.

Je me branche sur Internet et découvre que, malgré l'article L. 313-24 du Code de l'Action sociale et des Familles, la loi du 2 janvier 2002 prévoit que tout salarié ou agent (mon cas) qui dénonce de la maltraitance en avertissant les autorités obtient la même immunité qu'un délégué syndical, par exemple. Sauf que cette loi aurait dû aménager l'article sur le secret professionnel, ce qui n'est pas le cas.

Et c'est en fouillant sur Internet toujours, dans les archives de presse, que je redécouvre une vieille information concernant l'établissement en question, qui me sidère. Une fermeture administrative temporaire est intervenue il y a quelques années. Non-conformité, chambres trop petites, mal chauffées, sans possibilité d'appel de nuit, problèmes avec la restauration, sous la même direction que celle qui vient de me remercier...

L'établissement a peut-être fait des progrès, mais pas assez, et quand le gouvernail ne donne pas la route, le bateau dérive.

Si j'avais su, je ne serais jamais venu.

4.

Le vilain dénonciateur

Il est des périodes dans la vie où l'on doute de soi. Cette fin de décembre 2002 en est une. Qui suis-je ? Qu'est-ce qui me motive ? Quelle succession d'événements m'a amené à me transformer en défenseur de l'éthique personnelle, de la déontologie professionnelle, et à prendre fait et cause pour les personnes âgées ?

Je viens de dépasser la cinquantaine, j'exerce ma profession d'infirmier depuis un peu plus d'une vingtaine d'années. Au départ de mon existence d'adulte, je n'avais pas choisi ce métier. Avec un baccalauréat de philosophie et trois langues étrangères, j'étais préparé à tout et à rien, je cherchais une voie. Je l'ai d'abord trouvée dans le commerce international. Une entreprise m'a recruté, tout allait bien, je gagnais ma vie, et tout s'est écroulé avec le deuxième choc pétrolier. Licenciement économique. Brutalement, me voilà les mains dans les poches, avec certes une allocation chômage convenable pour nourrir ma famille, mais surtout le sentiment de ne servir à rien, d'être inutile. Je cherche une reconversion, et si possible un métier manuel dans les professions de santé. J'ai 24 ans, un âge où l'on peut recommencer à zéro, reprendre des études. Mais lesquelles ? J'avais déjà pensé aux études dentaires, mais c'était une année où le numerus clausus venait d'être installé et cela ne me laissait guère de chances. 3 500 postulants pour 550 admis en deuxième année de médecine et de dentaire. Même avec d'excellentes notes, même en essayant une fois, deux fois, on renonce. Je suis marié, déjà père, je ne peux pas prendre autant de risques. Les Assedic n'ont qu'un temps.

Il y a quelque part au fond de moi, depuis le plus jeune âge, un besoin d'être utile, de servir. Mon enfance a été solitaire. Issu de parents séparés très tôt, j'étais un petit Basque espagnol ballotté de pension en orphelinat dès l'âge de 7 ans, plus ou moins pris en charge par des grands-parents ou d'autres membres de la famille qui faisaient ce qu'ils pouvaient dans une situation complexe. J'avais l'impression d'être une baballe qu'on se repasse de main en main. Les pensions étaient religieuses, évidemment. À l'époque franquiste, et surtout au Pays basque, cette chape de plomb devait nous faire passer de la calotte du curé au béret militaire. C'est peut-être là que j'ai vraiment absorbé de façon intense les valeurs qui, au-delà du catholicisme, sont des valeurs chrétiennes, et, au-delà du christianisme, des valeurs humaines, morales. Le sens de l'honneur et le respect de la parole donnée. Onze ans, c'est ma mère qui me récupère. J'imagine son souci dans les années 1960, au Pays basque espagnol, sous la dictature de Franco. Où aller ? Que faire du petit et de sa sœur ? Le père s'est exilé au Brésil, la mère cherche à s'exiler en France... À 11 ans, je suis devenu français. Un an plus tard, je parlais sans difficulté cette nouvelle langue et, grâce à ma mère, demeurée seule pour nous élever, j'ai pu faire des études convenables. Je n'ai pas revu mon géniteur avant de longues années.

Mais j'ai toujours ressenti un vide, celui du déracinement, de cette période sans famille, en pension, de ces moments d'éternelle solitude, de vide. J'avais besoin aussi de me rapprocher du monde des anciens, par manque de racines, de référence paternelle probablement. Mais je l'ai découvert un peu plus tard. Dans un premier temps, il m'était nécessaire de gagner ma vie, et de me sentir utile.

Je décide de devenir infirmier.

J'ai donc attaqué les 32 mois d'études sans aucune appréhension. Plus j'avançais, plus je me sentais à l'aise, heureux. Et j'ai obtenu mon diplôme d'État. Ensuite, la question s'est posée. S'installer en libéral ? Chercher un emploi hospitalier ? J'ai d'abord choisi le libéral. Mais l'installation d'un cabinet se prépare techniquement. Il faut trouver un endroit et analyser les besoins du secteur. J'avais compté sur ma sœur, déjà infirmière, pour une installation commune, mais elle ne se décidait pas, avait des enfants à élever...

Déçu, je me dirige vers un service hospitalier, en banlieue d'une grosse agglomération. Des quartiers devenus aujourd'hui « difficiles », alors qu'à cette époque, pas si lointaine, c'était un mélange de populations issues de vagues d'immigration diverses, un tissu social riche où se croisaient sans heurts

LE VILAIN DÉNONCIATEUR

des cultures venues de partout. Pour l'ancien petit immigré que j'étais, c'était un vrai quartier populaire où l'on se sentait bien. Ma femme, qui avait passé le concours de professeur à l'Éducation nationale, avait par chance obtenu sa titularisation dans cette grande ville. Tout paraissait se mettre en place sans difficulté.

Je suis affecté dans un service, ORL et neurochirurgie, où je me retrouve avec trois collègues de promotion. Mais je suis le seul infirmier masculin. À l'époque, nous sommes rares dans la profession, sauf en psychiatrie. Le travail en lui-même est très intéressant, mais, revers de la médaille, déprimant du côté de cette spécialité ORL, où il y a beaucoup de cas graves – cancers de la gorge, de la langue, du nez, c'est impressionnant et les décès sont très nombreux. Mais en équipe, on arrive à en parler. Les groupes de parole n'existaient pas à l'époque, on se débrouillait pour décharger le stress entre nous. Il y avait déjà une grosse pénurie de personnel soignant, si bien qu'il nous arrivait de travailler onze jours d'affilée. Surtout avec des cycles de travail où nous terminions tard le soir, et reprenions le lendemain matin très tôt. Nous avions alors un encadrement qui passait outre la réglementation du travail pour compenser le manque de personnel. Je commençais à m'épuiser et éprouvais le besoin de connaître d'autres services dans l'hôpital. J'ai postulé pour le service des urgences. Un service riche, professionnellement, où l'on se sent vraiment utile. J'y ai appris beaucoup, y compris sur moi-même. Je dirais même que cette expérience a été décisive. Un jour où j'étais de garde, on nous prévient d'un accident terrible, quatre ou cinq adultes et deux enfants gravement atteints dans un carambolage. Tout le monde se prépare, les blessés arrivent, et je me retrouve courant avec les pompiers vers la salle de réanimation, avec ma civière où repose un petit garçon dans un tel état que j'en suis malade. Il ressemble au mien, même âge, et il est complètement disloqué...

Je n'ai pas supporté. Arrivé en réanimation, j'ai passé le relais aux collègues, submergé par une émotion violente. Le sang ne m'a jamais fait peur, les blessures les plus horribles ne m'ont pas dérangé, sauf sur un enfant. Je suis sorti de l'hôpital, je me suis assis par terre, dans la cour, et je me suis dit : « Il y en aura d'autres, forcément, tu ne tiendras pas le coup émotionnellement. »

LE VILAIN DÉNONCIATEUR

Je venais de réaliser que j'étais incapable de supporter la souffrance des enfants. Les adultes, le sang, la mort, je ne me posais pas de questions, j'avais et j'ai toujours le recul nécessaire. Il était évident que je n'étais pas fait pour les urgences enfants... Pourquoi ? Je me répondrai peut-être un jour. Je n'en sais rien.

J'ai quitté l'hôpital presque immédiatement. Et cette terrible expérience m'a mené à m'installer en libéral, ma première idée. Je me suis jeté dans le travail, 365 jours par an. Seul d'abord, avec une collègue ensuite, car très vite je ne pouvais plus assumer un tel rythme. Au fil des mois et des années, j'ai rencontré les personnes âgées, celles qui ont des histoires de vie – elles étaient un peu mes grands-parents perdus. La gériatrie m'a intéressé très vite, et lorsque j'ai augmenté mes activités dans les maisons de retraite, j'ai beaucoup réfléchi à la meilleure manière d'organiser sur un territoire donné ce que j'appelle une « synergie » entre l'hôpital, le domicile, la maison de retraite, les services de soins infirmiers et les accueils de jour. Chacun sait qu'il faut un maillage le plus étroit possible pour assumer les besoins du grand âge.

J'ai donc cru les belles paroles d'un homme. Nous allions tenter la qualité, l'efficacité, la formation du personnel, la synergie que j'avais en tête, et voilà ! J'ai vu ce que j'ai vu, j'ai cherché à redresser la barre le plus souvent en pure perte, et on me congédie comme un malpropre. J'ai le droit d'être en colère.

Janvier 2003. J'ai déjà préparé une lettre à chacun de mes patients, tous ceux que j'ai eus en soin d'une manière ou d'une autre ces deux dernières années, pour les prévenir que je ne pourrais plus assurer de soins sur injonction de l'établissement qui les accueille. Je suis prêt à envoyer ces lettres lorsque je reçois des appels téléphoniques de certaines familles disant : « Qu'est-ce qui se passe ? La maison de retraite nous demande de faire des courriers disant que vous êtes un monstre, que vous les brutalisez, que vous ne les lavez pas, les habillez mal ? »

La colère me prend. Une colère froide. J'ajoute aussitôt à mon courrier un additif de dernière minute informant mes patients et donc leurs familles que la direction, qui cherche à faire pression sur eux, a déjà subi une fermeture administrative pour non-respect des normes d'hygiène et de soins.

LE VILAIN DÉNONCIATEUR

Et je poste mes lettres recommandées. Elles sont importantes pour moi, dans la mesure où je ne veux pas être accusé d'abandon de soins. Il ne manquerait plus que ça ! Il existe un article de la réglementation professionnelle disant que tout arrêt ou interruption de soins doivent être justifiés auprès du patient ou de son ayant-droit.

Je suis averti très vite que l'établissement va m'accuser de diffamation. Il semblerait que je n'aie pas le droit d'évoquer, même dans un courrier de ce type, le fait que cette maison de retraite a été sanctionnée il y a une dizaine d'années, alors que l'affaire avait fait grand bruit dans la presse ! Et qu'elle recommence, et mériterait d'être reprise en main par une direction présente et formée à la gériatrie, capable d'organiser un projet de soins viable pour les résidants, avec une véritable référence de qualité. Jusqu'à présent, j'avais toujours tenté d'aborder les déficiences de cette maison en réunion privée avec son propriétaire et directeur. Je comprends maintenant ce qu'elle cherche, cette direction : m'empêcher de dénoncer les dysfonctionnements que je leur ai signalés en n'obtenant le plus souvent que des « oui, on verra ça... ».

Du coup, ma réflexion s'emballe sur le fait de savoir comment dénoncer, ou pas, ce que j'appelle, moi, de la « maltraitance ». Je prépare un dossier, je note, je liste tout ce que j'ai vu, minutieusement, et je conseille à mes trois collègues, éjectés eux aussi de l'établissement, d'en faire autant. Ils ont vu les mêmes choses que moi, vécu les mêmes problèmes. Nous nous y mettons, avec soin, en confrontant nos expériences, en prenant toutes les précautions pour ne pas être accusés de rompre le secret professionnel.

En octobre 2003, me voilà en correctionnelle, accusé de diffamation publique, pour avoir rappelé par lettres privées une sanction prescrite. Il n'y avait aucune poursuite en diffamation pour les négligences ou violences que j'avais signalées aux autorités. Nous sommes dans la salle du tribunal correctionnel. Pas de journalistes alors que je m'attendais à leur présence. En novembre, la direction de la maison de retraite est déboutée. Me voilà débarrassé de l'accusation de diffamation. La plaignante est condamnée à verser des dommages et intérêts, et bien entendu fait appel de cette décision.

Au cours de cette audience pénale, il n'a pas seulement été question de juger si j'avais

LE VILAIN DÉNONCIATEUR

le droit de signaler par écrit à mes patients des faits remontant à près de 10 ans.

Le tribunal de grande instance, prenant en compte implicitement ou explicitement :

— le contexte de mes deux années d'activité dans cette maison de retraite ;

— la liste des faits que j'avais signalés à M. le procureur de la République ;

— le témoignage de mes confrères et des professeurs du lycée ;

— une définition de la maltraitance conforme à la dignité humaine ;

— le Code pénal dans ses articles sur les négligences et violences sur personne vulnérable en raison de son âge et de son état de santé, avait déclaré mon attitude légitime. Il m'avait, dans son jugement, reconnu comme quelqu'un de très impliqué dans la lutte contre la maltraitance.

Mes insomnies me tiennent debout. Je pianote sur Internet à la recherche de toutes les informations possibles sur la maltraitance.

Privés brutalement de notre clientèle, de notre source de revenus, ma collègue et moi avions accepté d'aller travailler dans une autre maison de retraite.

Nous arrivons dans une structure luxueuse, certes, mais dont la vitrine et le joli parc sont – selon moi – plus grands que l'ambition de la qualité des soins. Nous n'y resterons que trois mois, pour aller très vite officier dans une autre, plus proche de nos habitations, tout en développant une activité de soins à domicile. Nous ne voulons pas cesser totalement nos activités en maison de retraite et rester sur un sentiment d'échec.

J'ai compris pas mal de choses sur la maltraitance. J'ai l'esprit plus clair, plus structuré dans l'approche du problème. Et j'ai décidé de compléter ma formation par un DESS en gérontologie. Je vais donc retourner à l'université.

Revenons au premier semestre de 2003. Je connais une des associations collaborant avec le Comité national de lutte contre la maltraitance, mais dans mon département le président ne me semble pas être en mesure de réagir rapidement. Prudence et circonspection sont de mise, c'est normal, mais si je ne réagis pas vite, justement, c'est moi qui vais me retrouver dans la position du diffamateur, de l'infirmier « remercié » qui chercherait une vengeance. Je sens poindre à l'horizon le système qui consiste à démolir le témoin pour ne pas avoir à se justifier. C'est sans doute de bonne guerre.

J'ai besoin d'aide. Mes collègues infirmiers aussi. Nous sommes seuls à dénoncer ces abus dans un premier temps. Avec cette différence que mes collègues se battent, l'un devant les prud'hommes – il gagnera –, l'autre devant un TGI – il perdra –, et que je suis le seul accusé de diffamation traduit en correctionnelle. Ce sera ma parole contre celle de l'autre. Les familles ne bougeront pas tout de suite car – c'est mon sentiment – elles subissent trop de pressions psychologiques. Les tuteurs légaux de certains résidants encore moins. Vraisemblablement pour ne pas déranger le système : « Ils sont bien là où on les a placés... »

Cette question du secret professionnel me turlupinant toujours, je prends ma plus belle plume et envoie un courrier à ce sujet à M. le député qui préside le groupe d'études parlementaires pour les professions de santé et qui est vice-président du groupe d'études sur les professions libérales. L'essentiel de mon propos est de l'alerter sur la loi qui oblige les professionnels de santé à révéler une maltraitance, mais ne les protège pas particulièrement en cas de poursuite pour diffamation. À mon sens, il est évident que les professionnels en question préféreront garder le silence et renoncer à faire le moindre signalement. Je lui demande s'il est disposé à saisir le Parlement de cette question. Le député me répond très vite, et m'envoie en juillet 2003 la copie de sa question écrite au Garde des Sceaux, qui rebondit sur le ministre de la Santé, des Affaires familiales et sociales. En janvier 2004, la modification réglementaire est effectuée. L'article 226-14-1er du Code pénal couvre toute personne qui informe les autorités judiciaires, médicales ou administratives de sévices dont elle a eu connaissance, concernant des enfants, des personnes handicapées ou des personnes âgées.

J'avais localisé et suivi les travaux du Comité national de vigilance et de lutte contre la maltraitance. Une association très dynamique en était membre et ne craignait pas de publier ses articles, de révéler les points noirs, de parler de maltraitance à visage découvert, et de façon percutante. Une organisation jeune et pleine d'ambitions, pointue. Je prends contact avec l'AFPAP (Association française de protection et d'assistance aux personnes âgées), et je discute du problème avec son président, M. Fernandez. Il me dit clairement :

« Si vous ne signalez pas et qu'il y a un pépin grave, une plainte, et qu'on découvre que vous saviez, vous êtes coupable, c'est aussi dans le Code pénal. Envoyez-moi un courrier disant ce que vous avez vu. Vous êtes quatre infirmiers, vous voulez agir au mieux dans le respect de la loi et de l'intérêt des personnes âgées. C'est moi qui ferai un signalement à M. le procureur de la République, je suis là pour ça. C'est la vocation de l'association de tirer la sonnette d'alarme chaque fois que nécessaire. Ensuite, ce sera l'affaire du procureur. »

Tous les quatre, individuellement, nous expédions un courrier à l'AFPAP qui en accuse réception et fait un signalement à M. le procureur. Cette association nous a soutenus avec constance, pertinence et efficacité.

D'insomnie en insomnie, me voilà parvenu en septembre 2004. J'ai mal à l'estomac à force de tout garder, de maîtriser ma colère contre ces gens. Je dois résister aux commentaires du genre : « Mais pourquoi es-tu allé te fourrer dans une histoire pareille ? »

Comme si j'étais coupable de tout ce qui m'arrive.

J'ai essayé d'en parler à un ami magistrat. J'ai senti chez lui comme une désapprobation. Un peu comme s'il mettait en doute la réalité de mes propos, comme si j'en rajoutais, ou leur donnais trop d'importance. À moins qu'il juge que mon combat est vain, on se satisfait vite de la misère de nos vieux.

Mais il y a aussi les autres, heureusement, qui m'encouragent et trouvent que j'ai du mérite à ne pas laisser tomber, justement.

Et il y a les « pires ». Ceux qui m'agressent carrément, grossièrement : « Tu ne pouvais pas fermer ta gueule ? On ne crache pas dans la soupe. Ces gens-là, c'est eux qui te nourrissaient, c'est là que tu allais gagner ton pognon, alors tu n'avais qu'à la fermer ! »

Je ne peux pas la fermer, je suis ainsi fait, cabochard et orgueilleux (mais je me soigne) ; je peux laisser passer des erreurs, nous sommes tous faillibles, mais pas les injustices envers des personnes si vulnérables.

Janvier 2004. La presse s'en mêle. Et non la moindre. Le plus important des magazines de consommateurs révèle une enquête sur une vingtaine de maisons de retraite, dont

LE VILAIN DÉNONCIATEUR

celle que j'ai désignée à l'AFPAP. Les journalistes ont enquêté sur place, interrogé des employés en poste ou ayant quitté l'établissement par dégoût, d'anciens collègues, des parents de résidants, et le scandale éclate. Protestation immédiate de la maison de retraite sous forme d'un droit de réponse publié, selon lequel rien n'est exact : l'établissement est parfait – qualité, soins, accompagnement, matériel, il n'y aurait rien à redire. Le magazine rétorque fermement : son journaliste a minutieusement enquêté, les faits sont confirmés par des parents de résidants les ayant constatés de visu, et il rappelle que les contrôles des directions départementales des affaires sanitaires et sociales demeurent très insuffisantes pour repérer tous les dysfonctionnements de ce type. Cette revue, clairement accusatrice, ne sera pas poursuivie pour diffamation : c'est sans doute un peu plus difficile à faire qu'à l'égard d'un modeste infirmier de quartier.

Trois mois avant l'audience en appel, prévue en juin 2005, j'ai le sentiment de vivre un cauchemar. Soit je deviens paranoïaque, soit quelqu'un cherche à me pousser à bout, peut-être manipulé par ceux qui voudraient enlever tout crédit à mon témoignage.

J'entends un jour, sur mon passage, dans le couloir de mon nouveau lieu de travail, un de mes confrères qui m'interpelle avec virulence : « On sait que tu t'es déjà fait virer d'une maison de retraite. On sait que tu battais les vieux. Tu peux encore te faire virer. » Il veut se battre avec moi.

Je n'ai jamais été violent. La seule chose que l'on puisse me reprocher, c'est mon exigence, mon intransigeance. Et aussi un geste d'impatience tranquille, qui me fait sourire des années après. D'ailleurs personne ne l'a jamais relevé, celui-là. C'était au début de ma collaboration avec cette maison. J'avais signalé à plusieurs reprises qu'une des résidantes avait besoin d'un nouveau matelas anti-escarres, le sien étant tellement « défoncé » qu'elle s'y coinçait parfois le bras. Rien ne bougeait. Alors, un matin, une fois cette dame habillée et assise dans son fauteuil, j'ai pris ce matelas et je suis allé tranquillement le jeter par-dessus l'escalier dans la cour des poubelles. Un nouveau matelas est alors arrivé sans autre discussion. Lorsqu'on soigne comme moi, jour après jour, ces horribles escarres qui font tant souffrir les grabataires, que l'on passe un temps infini à les traquer, à récupérer une peau à peu près saine et, en tout cas, cicatrisée, on est nécessairement amené à être vigilant sur ce matériel.

J'ai toujours voulu atteindre l'excellence, lutter contre la médiocrité. Si on m'agresse, je contrôle, je refuse de me laisser emporter dans une violence physique. Mais, manifestement, l'auteur de ces propos me défie, il attend que je craque, il aimerait que je réagisse. Pourquoi ? J'ai déjà été agressé physiquement dans cette histoire, il me semble que je suis devenu l'homme à abattre. Un vrai roman noir.

Alors, ce jour-là, je recule prudemment devant l'agresseur, je me mets à l'abri, et par précaution porte plainte contre lui, avec témoignage à l'appui, prouvant que je n'ai en aucun cas été l'agresseur, ni en paroles ni en geste. J'ai le sentiment – mais peut-être que je me trompe – que le but recherché est de me faire passer pour un belliqueux, un irresponsable et « maltraitant » moi-même, l'injure grossière criée en public tendant à le démontrer. L'astuce est cousue de fil blanc, mais malheureusement, quand on utilise les on-dit, il peut toujours en rester quelque chose. Cet agresseur fournira au demeurant une attestation me dénigrant qui sera présentée devant la cour d'appel.

C'est d'autant plus incohérent qu'à l'époque où je travaillais dans la maison de retraite incriminée, la direction m'avait confié les soins de deux personnes, dont une très vieille dame de la propre famille du propriétaire, pendant un an et demi. Si j'avais été le méchant infirmier du coin, on ne m'aurait pas laissé les soigner, j'imagine : ce n'étaient pas les infirmières qui manquaient pour me remplacer. D'ailleurs lorsque cette dame très âgée est morte, j'ai reçu, une semaine plus tard, une lettre chaleureuse pour me remercier de mes bons soins, suivie quelques jours après d'une autre lettre recommandée me notifiant mon éviction... Peut-être n'avait-on plus besoin de moi ?

Si les choses continuent ainsi, je vais devoir me transformer en plaideur professionnel !

Par moments, j'ai bien envie de laisser tomber, mais ce serait céder à la pression et accepter que l'on remette en cause impunément mes qualités professionnelles, mon sens moral et éthique. Ça, je ne peux pas l'accepter. Ma carrière parle pour moi.

Et je travaille sérieusement et passionnément à mon mastère de gérontologie.

LE VILAIN DÉNONCIATEUR

Au moment où arrive l'appel, nous sommes au mois de juin 2005. Je me rends au tribunal inquiet, stressé, je n'ai pas dormi. De plus, le matin même j'ai passé le dernier des examens écrits de mon DESS de gérontologie au bout d'un an de travail. J'ai planché de 8 heures à 12 heures. Je ne me souviens même plus du sujet. Il ne me reste plus après ça que le stage d'été, la soutenance, et j'aurai mon diplôme d'État. Les autres étudiants ont décidé de fêter la fin des cours, et j'ai filé au tribunal avec ma femme ainsi que deux collègues venus m'accompagner. Je vois arriver le représentant de la direction de la maison de retraite et ses deux avocats. Enfin on nous appelle. Tout le monde s'assied, on attend. L'interrogatoire commence par la partie adverse, le juge est poli, courtois. J'ai le sentiment de me trouver dans un salon où des gens vont prendre le thé. Même mon avocat fait des ronds de jambe verbaux à ses collègues de la partie adverse.

Et j'entends soudain l'un d'eux dire :

— On prétend que le gérant de l'établissement n'a pas de formation, voici un document qui prouve le contraire.

Mon avocat prend le document, le parcourt rapidement.

— Mais ce n'est même pas un diplôme, pas même un certificat, c'est une attestation disant que la personne a été présente à quelques heures de cours.

Peu importe, car j'assiste tout à coup à un déferlement de témoignages affirmant que je suis un malfaisant, un agressif – tous émanant de salariés de l'établissement et de familles de résidants, plus quelques infirmiers libéraux, dont celui qui m'avait agressé quelque temps auparavant.

Ils ont bien monté leur affaire. Je sais par des collègues que la direction a réuni tout ce petit monde de salariés, et que le marché était clair. Ou on témoignait contre moi, ou on pouvait dire adieu à son boulot. Quant aux quelques familles de résidants, le chantage est connu. Pour les intervenants libéraux, c'est le même traitement : une attestation ou la porte. Certains d'entre eux qui ont quitté cet établissement me l'ont confirmé devant témoin. Décidément, tous les moyens leur sont bons pour arriver à leurs fins.

Tout de même, je suis assommé par ce système de démolition. Et mon avocat tente de faire front en parlant des soins que j'ai apportés à deux membres de la famille de cette direction – des soins qui ont duré longtemps, jusqu'à mon départ. Il remet à la Cour une carte de remerciements chaleureux qui nous avait été donnée avec une boîte de chocolats après les obsèques de cette parente décédée. Si j'étais l'être abominable que ces gens décrivent, pourquoi m'aurait-on confié ces personnes aussi longtemps ? Pourquoi ces témoignages qui font de moi un monstre n'ont-ils pas été produits en première instance et apparaissent comme par enchantement en appel ?

Après quoi, on m'accuse d'avoir voulu devenir directeur d'un service de soins infirmiers et de faire ainsi de la concurrence déloyale. On prétend que c'est une trahison. D'une part, il n'existe pas de directeur de SSIAD, ils devraient le savoir. Une telle structure est dirigée par un président d'association 1901, qui est bénévole, et une infirmière qui est salariée et gère en « coordonnatrice de SSIAD ». D'autre part, il ne peut s'agir en aucun cas de concurrence déloyale avec une maison de retraite : sauf à considérer que l'on vend de la marchandise ! L'idée sur laquelle reposait la création de ce SSIAD, en accord avec la direction, était de permettre, comme je l'ai dit, une meilleure rentabilisation des lits et une rationalisation de la prise en charge des personnes âgées dans la région. De plus, le salaire d'une infirmière coordonnatrice de SSIAD est sans commune mesure avec les revenus d'une infirmière libérale : comment peut-on postuler pour une régression de rémunération ?

Je voudrais intervenir.

— Monsieur le juge, s'il vous plaît.

— Taisez-vous, monsieur.

Je suis retombé sur ma chaise, en silence. À un moment donné, je me suis dit : « Peut-être le juge m'a-t-il demandé de me taire pour que je ne dise pas de bêtises ? L'autre en profère suffisamment pour se démolir tout seul. » J'ai eu cet espoir. Mais en sortant, j'ai pensé : « Les carottes sont cuites. »

L'affaire est mise en délibéré. Je n'aurai la réponse que dans un mois et demi... Je m'attendais à perdre, et j'étais bien décidé à continuer de me battre, à aller en cassation s'il le fallait.

Me revoilà devant le même juge.

« Attendu que... » Le juge ne me regarde pas, il lit.

Après tous les « attendu que » qui n'en finissent pas, le jugement pénal est infirmé, je

LE VILAIN DÉNONCIATEUR

suis déclaré coupable de diffamation quant à mes allégations de maltraitance : « Attendu que la maltraitance se définit comme le fait d'exercer de mauvais traitements ; que dans l'esprit du public il évoque des sévices ou des brutalités la Cour condamne le sieur... » Etc.

« Dans l'esprit du public... » J'ai bien entendu. On se réfère à une définition de la maltraitance selon l'esprit du public.

Je découvre ainsi que la maltraitance ne correspond pas à une notion juridique, mais à « l'opinion publique et ses fluctuations ». Malgré les définitions des professionnels que l'on peut lire dans tous les livres sur le sujet, que l'on peut trouver dans tous les stages de formation des directeurs d'EHPAD... je viens de me faire renvoyer comme un malpropre, non seulement avec des témoignages soutirés, mais selon « l'esprit du public ».

J'en suis malade. Je n'ai plus qu'une solution : aller en cassation – si je trouve un avocat spécialisé – et parvenir à ce que le dossier soit rejugé, avec des témoins qui ne soient pas sous pression, et en appliquant la définition sociale de la maltraitance envers les personnes âgées.

JEAN-CHARLES ESCRIBANO

En attendant, qui est la victime ? Le malfaisant ? Le vilain dénonciateur ? Le diffamateur ?

Il y a des jours où l'on se sent vraiment seul.

Heureusement, ça ne dure pas.

5.

Une journée bien ordinaire

J'ai la chance extraordinaire de travailler en binôme avec une collègue qui a le même état d'esprit que moi, la même vision de notre profession, les mêmes valeurs.

Durant toute la période de mes études pour obtenir le mastère de gérontologie et ingénierie (ancien DESS), elle a accepté de s'adapter au mieux à mes impératifs de planning pour me permettre d'assister aux cours. Ce diplôme était plus qu'important pour moi. Je pense que pour elle aussi. Nous poursuivions une vie professionnelle en harmonie depuis si longtemps, avec les mêmes victoires ou déceptions. Je m'étais formé à la gériatrie sur le tas, en autodidacte, et après cette mauvaise expérience, puis un court passage dans un établissement dont l'organisation laissait encore à désirer, je voulais mieux comprendre la psychologie du vieillissement, considérer avec un œil différent cette planète que je fréquente tous les jours. Je pense que tous les professionnels d'encadrement qui exercent en maison de retraite devraient au moins posséder ce diplôme qui nous permet d'aborder tous les thèmes, y compris techniques pour la constitution d'un dossier administratif. Nanti de ce mastère, je pourrais prendre la direction d'une maison de retraite, mais je préfère envisager le métier de conseiller en projet d'établissement pour personnes âgées. Concevoir le projet, affiner le dossier technique et administratif me plairait. J'aimerais y introduire mes idées personnelles inspirées de ce que j'ai vu d'excellent à l'étranger, même en architecture intérieure. La circulation des résidants à l'intérieur d'une maison de retraite n'est pas suffisamment conçue en fonction de leur déficit moteur. D'où les chutes trop nombreuses et leurs conséquences parfois dramatiques.

Mon stage de fin d'études se fera en Espagne. On m'a tellement parlé des innovations en matière de prise en charge des personnes âgées au Pays basque espagnol que j'ai choisi d'y consacrer mon mémoire. Le

UNE JOURNÉE BIEN ORDINAIRE

pays d'où je suis venu... étrange retour aux sources.

En attendant, l'infirmier Jean-Charles reprend sa tournée habituelle en maison de retraite. Il est levé tôt, et part vers 6 h 15 du matin. La mallette est toujours prête dans la voiture. Il arrive vers les 6 h 30, 6 h 35. Le temps de se changer, de mettre la blouse, de préparer le chariot, de vérifier le cahier de transmission, de toucher deux mots à l'infirmier de nuit – s'il est là, car parfois il est encore dans les étages –, et roule le chariot.

Je fais d'abord un tour rapide de tous les résidants qui me sont confiés. D'abord parce qu'il peut toujours y avoir une mauvaise surprise. Quelqu'un a pu s'endormir un peu plus que prévu, et nous quitter. Ensuite il y a des insulines, des anticoagulants, les constantes à prendre (tension et glycémie) au repos et à jeun. Et puis les mains à regarder. Ces mains qui ont souvent traîné à l'intérieur des couches, parce que quelque chose gênait, un mauvais pli, une attache décollée. Il faut savoir que l'incontinence est l'un des problèmes majeurs dans une maison de retraite. Les couches de nuit sont indispensables la plupart du temps. Et même si la personne a été changée une heure avant mon arrivée, un nouveau petit désastre est toujours possible. Une mère de famille sait que son bébé pleure lorsque sa couche est mouillée. Un vieillard incontinent ne pleure pas, il est gêné et il a froid, il est mal à l'aise, et se sert de ses mains pour essayer de se débarrasser de sa protection encombrante.

L'hygiène des mains est donc importante, car le petit déjeuner commence à être déposé en chambre à 7 h 30. J'ai en gros trois quarts d'heure pour faire ce passage. Sur les résidants qui nous sont confiés, certains sont des patients lourds, quatre en moyenne, avec des pathologies complexes. Pour les autres, la surveillance est plus légère et paraclinique – insulines, tension, pansements, anticoagulants, parfois des perfusions et autres soins. Certains résidants doivent être lavés complètement tous les jours, d'autres peuvent encore se débrouiller seuls, il suffit de les inciter à se rendre à la douche, et l'incitation prend du temps. Il faut les aider à garder autant d'autonomie que possible. Ma tournée se fait sur trois étages.

Je commence par le niveau 2, où se trouvent le chariot et le bureau de l'infirmier de nuit. Puis j'attaque le premier étage, où les ASH sont susceptibles d'arriver plus tôt, ensuite le troisième. Je démarre par mon premier patient, quelqu'un qui en général est réveillé bien avant que j'arrive, comme la plupart des autres.

À partir d'un certain âge, leurs nuits sont plus courtes. Ils me le disent presque chaque matin :

— Je m'ennuie. Je n'ai rien à faire. À 90 ans, je ne vais quand même pas dormir jusqu'à 10 heures !

Ils sont obligés d'attendre. Attendre le petit déjeuner, les soins, la toilette, puis attendre le déjeuner... et ainsi de suite jusqu'à la nuit tombée.

J'espère que les générations de vieux à venir n'auront pas à souffrir de cet ennui mortel – parce qu'ils connaîtront Internet, ne seront pas trop déments et que les maisons de retraite seront équipées d'ordinateurs...

J'attaque par M. Robert. C'est là qu'on mesure à quel point l'augmentation généralisée du nombre de chambres pour une seule personne serait intéressante. Très souvent les résidents sont encore par deux. Et lorsqu'on entre chez quelqu'un, ce quelqu'un a un voisin. Obligatoirement, il faut allumer la pièce, donc on dérange l'autre. S'il somnole, s'est réveillé et s'est rendormi, je vais le réveiller définitivement. J'allume, dans la mesure du possible, uniquement la salle de bains, pour qu'il n'y ait pas de flash brutal dans les yeux. Je commence à sortir de son placard serviette et gant de toilette, quand il y en a. Sinon, il faut aller en chercher à la lingerie ou se débrouiller. Je prépare les affaires pour la toilette, les vêtements pour l'habiller. M. Robert ne parle plus, il grommelle, c'est donc moi qui choisis ses habits.

La veille, c'est moi qui l'ai déshabillé, ou ma collègue selon les jours. Quant au linge de toilette, aucune récupération possible de la veille au lendemain : gants de toilette, serviettes, je mets tout au sale systématiquement. Je ne me servirai jamais d'un gant laissé sur le bord du lavabo. J'ignore si c'est le sien, si quelqu'un est passé entre-temps, s'est lavé le nez ou le derrière et l'a simplement rincé. Donc, pour laver M. Robert, je prends du linge propre dans son placard. C'est un minimum de qualité que je crois lui devoir.

Je prépare la bassine. Il y a dans cette chambre deux bassines, une pour lui, une pour son voisin. J'ai marqué en gros les noms sur chacune. Le problème est que ce voisin n'est pas sur un fauteuil roulant classique, mais sur un fauteuil de transfert, avec un siège troué, que l'aide-soignante ou un autre infirmier peut rouler jusqu'aux toilettes. S'il est pressé, il trouvera plus facile de glisser une bassine (n'importe laquelle) sous le fauteuil au lieu de véhiculer le patient en zigzag en contournant le lit jusqu'au-dessus de la cuvette des toilettes. Ensuite, on jette le contenu dans les waters, et on a gagné quelques minutes... Bel exploit. Je commence donc par laver la bassine, au cas où. Je la remplis d'eau chaude pour le raser.

Normalement, les gens qui sont sous anticoagulants devraient être rasés au rasoir électrique. Sauf que dans ces structures-là, le rasoir Bic jetable est roi. J'y vais donc prudemment – une seule petite coupure saignerait longtemps.

Ensuite, je vais le laver au lit. Je préfère la toilette au lit parce que c'est le seul moyen d'accéder au fond des plis. Quand la personne est debout, on peut y accéder, mais on ne voit rien. Or, chez les patients obèses, ou simplement très âgés, les plis de la peau sont parfois très marqués, et les irritations qui s'y installent très profondes. C'est quelque chose de redoutable et de très inconfortable parce que ces personnes sont assises toute la journée. Et c'est ainsi qu'on s'aperçoit s'il y a ou non des escarres, voire une infection. Y compris sous les pieds, aux talons. Je le lave donc complètement sur son lit. En enroulement, on bascule le patient sur un côté, puis sur un autre, et on accède ainsi très facilement à l'ensemble du corps. Ce n'est finalement pas très long ni difficile à faire quand la personne n'est pas obèse et coopère, avec la sécurité des barrières du lit auxquelles elle peut s'accrocher pour se tirer Normalement, il faut être deux pour mobiliser un patient dès qu'il est un peu lourd, mais on est seul à faire l'effort physique.

Je vais habiller M. Robert, placer les patchs de trinitrine pour le cœur dont il a besoin pour la journée, et l'installer dans son fauteuil. Il est très important pour ce genre de patient de vérifier que la tension artérielle le matin, au réveil, n'est pas trop basse. On me dit parfois qu'il est inutile de venir si tôt. On me l'a même reproché dans d'autres maisons. Mais si je ne venais pas si tôt, je ne pourrais pas faire mon travail correctement, apporter des

UNE JOURNÉE BIEN ORDINAIRE

réponses ciblées aux besoins que j'ai identifiés sur une personne prise dans un contexte particulier.

Je vais enfin amener M. Robert au salon, où il y a une télévision, plutôt que de le laisser comme ça, tout seul, sur son fauteuil, dans un coin. Même si on a l'impression que, dans sa démence, il ne capte pas grand-chose, moi, je sais qu'il y a encore une petite bougie allumée quelque part dans sa tête. Et puis d'autres résidants vont venir le rejoindre petit à petit. Nous nous connaissons, tous les deux, même s'il ne dit rien. Je vois à son expression s'il est réjoui ou contrarié. Il exprime un mécontentement en se renfrognant légèrement, alors je vérifie s'il n'a pas par exemple un pli sous les fesses, apparu quand je l'ai assis, et qui le gêne, j'essaie de comprendre son silence. Le silence est un outil merveilleux finalement, il permet une plus grande attention à l'autre, une meilleure réceptivité au langage du corps. La communication avec des personnes comme M. Robert, celles du secteur protégé, passe essentiellement par le regard et le toucher.

Pendant que je donne mes soins, j'écoute de la musique dans une oreillette. Elle me détend, me permet de conserver une distance par rapport aux difficultés que je peux rencontrer dans diverses situations. S'il m'arrive par exemple d'être contrarié, certains malades Alzheimer vont le sentir tout de suite. Ce sont de véritables éponges à capter les émotions. Pourtant je ne dis rien, mais ils doivent voir à l'expression de mes traits si je suis contrarié ou peiné. Le stress passe. C'est très connu dans les techniques d'approche de la démence. Alors, d'entrée de jeu, il vaut mieux dire les choses clairement.

Avec un de mes patients, j'annonçais la couleur en entrant dans sa chambre. En général, il était encore à moitié endormi :

— Bonjour, Yves. J'ai la tête à l'envers aujourd'hui, je suis en colère intérieurement, mais vous n'y êtes pour rien.

Depuis que j'avais instauré cette entrée en matière, la relation avait beaucoup changé entre nous. Le ton compte évidemment beaucoup. Et la plupart du temps, il vaut mieux être en état de dire : « Bonjour, Yves, je suis bien content aujourd'hui, il fait un beau soleil... »

Une fois M. Robert devant la télévision, je vais chez Johan, un grand monsieur, costaud, de 84 ans, qui occupa jadis une fonction intel-

UNE JOURNÉE BIEN ORDINAIRE

lectuelle. Il est malheureusement devenu dément, et compte parmi les très violents. Je me souviendrai toujours de son arrivée. Son épouse l'a accompagné longtemps à domicile, jusqu'au moment où sa violence envers elle ou ses enfants est devenue insupportable. Il était placé contre sa volonté, ce qui n'arrangeait pas les choses, car il n'avait plus ses repères.

Pour notre premier contact, je ne sais pas pourquoi, j'ai pensé à l'éthologie. Cet homme me faisait penser à un animal sauvage, il était assis sur le bord du lit, les yeux tels des projecteurs, prêt à bondir : impressionnant ! Je suis entré comme si de rien n'était :

— Bonjour, cher monsieur, je me présente, je suis Jean-Charles.

Tout en parlant, je me suis mis à genoux devant lui. Je voulais qu'il reste en position de dominant, et je lui ai présenté mes mains ouvertes, la paume vers le haut. Et je me suis lancé dans un monologue infernal. Je parlais, parlais. Il ne répondait pas, au début. J'avais l'impression d'être stupide, je me demandais ce que j'allais pouvoir encore inventer, je souriais et, petit à petit, je suis arrivé au toucher, d'abord en effleurement, ma main sous la sienne, pour qu'il domine toujours. Et puis, j'ai retiré ma main. Je l'ai laissé tranquille.

— Si vous avez besoin, appelez-moi, je reviens.

Je suis parvenu peu à peu à l'aborder et à lui faire accepter un peu d'hygiène. Il avait une opposition totale à la toilette en arrivant ; maintenant, je le lave tous les jours, au gant de toilette et à la bassine. J'essaie régulièrement de l'amener à la douche, mais il ne veut pas sortir de sa chambre, et la douche est celle de l'étage. Sa chambre, c'est sa tanière, une intrusion extérieure est une agression potentielle. Il marquait son territoire contre les intrusions de gens qu'il n'aimait pas, ayant pour cela une méthode très efficace. Il crachait. Le mur et sa fenêtre étaient couverts de salive qu'il projetait en pomme d'arrosoir. Il crachait particulièrement devant sa porte, en éventail, pour repousser ceux qui voudraient pénétrer dans sa tanière. Heureusement, il était le seul à faire ça. Lorsque j'entrais dans sa chambre, je prenais le drap de son lit, celui du dessus, le plus propre, et je l'étalais par terre pour ne pas traîner de germes à la semelle de mes chaussures dans les autres chambres. Des moufles à chaussures, jetables, auraient été plus appropriées, mais il n'y en avait pas. Avec le temps et une fois la confiance gagnée, cette manie de cracher a disparu.

Il est tout seul dans sa chambre. Je sais qu'il adore la musique. Je crois que nous avons fait un grand bout de chemin avec lui. Il m'accepte. Je suis même arrivé à le tondre. Depuis le temps qu'il n'avait pas d'hygiène, son crâne était plein de croûtes. Je le lui ai proposé un jour.

— C'est ma tondeuse. Aujourd'hui, je n'en ai plus besoin, si vous voulez, je vous la prête ? Ou je vous le fais ? Pas trop courts ?

Je lui ai montré les sabots.

— Vous voulez celui-là ? Ou celui-là ?

Il m'a dit : « Je peux toucher ? » en montrant mon crâne. Et le voilà qui passe sa main sur mon sommet orphelin de toute garniture capillaire. Il reprend :

— C'est marrant, c'est comme au foot. Je suis d'accord.

— Sacré Barthez ! Même ici tu es utile !

Et hop, un petit coup de tondeuse. Il me répond, mais c'est très basique. « Oui », « non », « je veux », « donnez-moi de l'eau »... Puis je lui fais sa toilette, de haut en bas. Je veux le raser. Il y a des jours où il me dit : « Non, pas aujourd'hui », alors je l'habille.

J'enlève tous ses draps, parce que la plupart du temps ils sont inondés, et je vais jeter le tout dans la corbeille de linge sale, la couche dans la poubelle. Je lui donne ses médicaments, un petit peu d'eau de toilette, un coup de peigne, et au revoir. Mais je fais exprès d'oublier quelque chose, c'est un petit jeu entre nous. Je joue avec la poignée de la potence du lit. Quand je me penche sur lui, je la prends sur la tête, alors je l'accroche en haut. Et quand je pars, je fais exprès de l'oublier. Il pourrait la décrocher seul. Mais non, il m'appelle : « Ho, là... » Et je reviens pour la décrocher. Il n'est pas impotent, il n'a pas besoin de cette potence, mais c'est un rituel. Je suppose qu'elle représente quelque chose à quoi se raccrocher non seulement physiquement mais moralement. Quant à essayer de remonter dans sa vie, de parler des enfants, rien. Peut-être a-t-il oublié, peut-être ne sait-il plus, ou ne veut plus savoir ? Quoique parfois il parle de sa femme. Lorsque je m'en vais, il est prêt à prendre son petit déjeuner dignement.

Ensuite, je descends à l'étage inférieur où je vais trouver Mehdi et Brahim. Une chambre à deux lits. Mehdi peut tenir debout, mais il est incapable de marcher et utilise un fauteuil roulant pour se déplacer. Il a eu de nombreux traumatismes au visage, et il en garde des séquelles. Une petite zone n'a plus d'épiderme. Il faudrait le réopérer, mais c'est trop compliqué, et comme il ne souffre pas, il reste avec ça. Tout cela est le résultat de sa mauvaise manie de se jeter par terre sans prévenir. Un jour, j'ai été obligé de le repousser dans son lit pour éviter la chute. Avec lui, deux hypothèses : ou il est dans sa chambre, ou il est déjà parti pour griller une cigarette. Son briquet, c'est toute sa fortune. L'autre jour, il s'est mis en colère parce qu'il n'arrivait pas à le retrouver. Je ne parvenais pas à le calmer, c'était fou ! Finalement, son briquet était tombé sur le côté intérieur du fauteuil roulant. Avec lui, c'est toujours le même cérémonial. Un tout petit peu de lumière dans la salle de bains, puis un peu plus, il faut y aller en douceur. Je prépare les affaires de toilette, les vêtements, on s'en va dans la salle de bains et je le rase. Lui, j'insiste pour le raser tous les jours, compte tenu de son comportement alimentaire : il est très souillon, très maladroit, et pour pouvoir l'essuyer correctement après les repas, il vaut mieux qu'il n'ait pas de barbe ni de moustache étant donné l'état de sa peau et de ses cicatrices. Comme j'ai changé d'étage, il m'arrive de partir à la chasse au matériel. Soit il n'y a plus de gant, soit plus de couches. Il faut dire qu'il met sans cesse un désordre indescriptible dans son placard.

Les couches, d'ailleurs, représentent un surcoût lié à la dépendance, et la CNSA, la Caisse nationale de solidarité pour l'autonomie, ferait bien de songer à les financer correctement. L'assurance-maladie ne prend en charge que les systèmes à utilisation permanente, qui ne sont pas adaptés à toutes les situations ou personnes, loin de là. Beaucoup de patients arrachent systématiquement ce genre de système. Je ne l'utilise que pour les personnes somnolentes, comateuses, avec des escarres ou en fin de vie. Pour Mehdi et les autres, je n'utilise que les couches, facturées aux familles en général.

Mehdi étant rasé, lavé, je lui propose une chemise, sachant qu'il va accepter ou refuser selon des critères mystérieux. Pour commencer, il veut une chemise avec une poche pour y mettre son briquet. Mais parfois je fais exprès de ne pas comprendre. Pour entretenir ce minuscule jeu de dialogue.

— Non ? Vous ne la voulez pas, celle-là ? D'accord, je suis de votre avis, on change...
Je passe à côté.
Prise de médicaments et petits pansements à réaliser...
Brahim est réveillé, je vais lui proposer le rasage, mais je dois d'abord dire bonjour à son chien. Ce chien est adoré de tout le monde. Sans avoir été dressé, il a compris toute sa situation de chien de SDF privilégié, accueilli avec son maître dans une maison de retraite. Il connaît sa marge de manœuvre. Et il ne bouge pas, ne bronche pas. Il est très heureux. De temps en temps, quand c'est le moment, on ouvre la porte, il sort tout seul, file à l'extérieur, trotte, va faire du sport, ou trouver une compagne dans le secteur, et il revient tout heureux. Son maître le nourrit. Il a trois sous d'une petite pension et se fait acheter les croquettes. C'est l'accord avec l'établissement, qui s'est montré humain avec cet homme. Pour Brahim, 75 ans, qui vivait dans un squat, c'était simple : je viens, mais jamais sans mon chien. À partir du moment où il pouvait rester avec lui, il était heureux. Il sait se faire aimer, il est très discret, adorable.
Je le suppose encore très actif sexuellement, et très apprécié des dames. Il est très malin,

sait être heureux avec peu de chose. Après la toilette je termine systématiquement par de la crème sur les pieds. Quand on l'a pris en charge, il avait des callosités aussi épaisses que des sabots.

Il a la chance d'être dans un établissement où, certes, rien ne sera jamais parfait, mais où la bonne volonté règne, avec une petite base de personnel féminin, qui ne pèse en moyenne que 50 kilos, mais 50 kilos de tendresse. Tout le monde n'a pas cette faculté, certaines filles sont trop brusques, ou trop désinvoltes, avec des comportements qui ne conviennent pas à des personnes fragiles et dépendantes, ou violentes. En général, elles ne restent pas, et la balance penche toujours du bon côté. Mais il ne faudrait pas qu'un jour ce soit l'inverse, car c'est une profession difficile, et chaque fois que l'on proclame sur les marches de l'État : « Il faut revaloriser les professions de l'aide à la personne, la gérontologie », j'entends les flonflons d'une chanson qui ne veut rien dire.

Revaloriser ? Soyons clair. Tant que ces filles – ce sont essentiellement des jeunes filles – seront payées en cornets de cacahuètes, la revalorisation ne voudra rien dire. Tant que les établissements ne seront pas strictement surveillés, dirigés par des directeurs compétents, avec des budgets suffisants pour employer un personnel en nombre et en qualité, pour s'équiper dignement, le plan Solidarité-Grand Âge ne voudra rien dire. Et les candidatures d'infirmières et d'aides-soignantes se feront de plus en plus rares. J'en ai pour preuve un témoignage : celui d'une jeune stagiaire en maison de retraite dans le cadre d'un BEP sanitaire et social. Céline avait 17 ans et a vu le pire en un mois de stage.

Ce qui l'a choquée le plus, c'est qu'il lui ait été reproché d'être trop douce avec les pensionnaires. Principalement pour les faire manger, on lui répétait toujours : « Plus vite, faut que ça aille plus vite. »

Un jour, pour lui montrer comment aller plus vite, l'aide-soignante lui a pris la cuillère des mains, l'a remplie d'un peu de hors-d'œuvre, d'un peu du plat principal et d'un peu de dessert en même temps. Elle a enfourné le tout dans la bouche de la résidante et lui a laissé à peine le temps d'avaler pour en enfourner une deuxième. Le repas devait durer entre cinq et dix minutes. Ça dégoulinait de partout, la pauvre femme n'avait pas le temps d'avaler convenablement.

Céline a vite ressenti que ce personnel ne s'intéressait pas aux vieillards, la formule récurrente étant : « De toute façon, ils n'ont plus toute leur tête. »

Il fallait les faire manger à toute vitesse, les gaver, pour mettre tout ce monde devant la télévision à regarder « Les feux de l'amour ». Pas d'animation ou très peu, pas d'activité manuelle, pas de communication, pas d'échange, pas le temps de discuter avec eux.

Pour l'hygiène, l'odeur nauséabonde des résidus d'excréments était partout. Sur les murs, les rampes de l'escalier, les roues des fauteuils. Apparemment, un seul pensionnaire était coupable de ce balayage à mains nues. Il aurait sans doute été facile d'y remédier en le surveillant davantage.

À son deuxième jour de stage avec l'aide-soignante, elle l'a vue utiliser les toilettes d'un pensionnaire de la chambre pour ses propres besoins.

On ne leur brossait jamais les dents. Certains avaient une « haleine de chacal », et une épaisseur résiduelle de plusieurs millimètres sur les dents. Que ce soient leurs vraies dents ou les dentiers. Certains étaient attachés sur leur chaise pour éviter qu'ils n'aillent se balader n'importe où. Une vieille dame a été retrouvée par terre, le nez dans les rosiers. Il s'est écoulé au moins dix ou quinze minutes avant que quelqu'un ne vienne la chercher.

Les locaux étaient délabrés, les douches couvertes de moisissure sur les murs.

Les résidants ne parlaient pas, maltraités par manque de soins, ignorés, sans aucune humanité. Céline a fait son deuxième stage dans une autre maison de retraite où les choses se passaient beaucoup mieux, mais elle a tout de même changé définitivement d'orientation, et est actuellement gouvernante dans un palace parisien.

Que dit Céline ? « J'ai adoré mon deuxième stage, l'endroit était chaleureux, les résidants souriants, je m'y suis fait des amies. Je retourne parfois les voir et prendre de leurs nouvelles. Mais le salaire que l'on m'offrait... »

Une maison de retraite est un équilibre fragile entre la qualité hôtelière, la qualité des soins et la qualité du personnel. On nous dit que 5 % d'entre elles « seulement » ne sont pas aux normes ou sont indignes. C'est 5 % de trop.

Ma matinée de soins n'est pas terminée. Après ce brave Brahim et son chien, je vais m'occuper des dames. Pour cette matinée, c'est à ce moment que ma collègue me rejoint afin de poursuivre les soins. Pour les patients lourds ou difficiles, nous serons à deux. Jeannine accepte la toilette au lavabo en alternance régulière avec la douche du couloir pratique pour un shampoing. Elle ne pose pas de problème particulier. Elle se tient debout, mais ne peut pas se déplacer. Pour cela, un fauteuil roulant est nécessaire.

Sa voisine, Madeleine, est plus lourde à mobiliser en raison de sa corpulence. Elle a 90 ans et présente une insuffisance respiratoire. La toilette se fait au lit, selon le même rituel, du haut vers le bas, en la retournant sur le flanc, et ainsi de suite. Nous la taquinons de temps en temps en l'appelant Madelon. Elle grommelle :

— Ah non, pas Madelon ! Ne m'appelez pas Madelon...

— Bien, madame Madeleine....

Madeleine, c'est le grand âge, la difficulté de bouger. Nous l'aidons à se redresser. Elle s'agrippe au pied du lit pour nous permettre de vérifier qu'il n'y ait pas de plis à la couche, et que le gras du haut de la cuisse ne soit pas pincé. De même, nous tirons sur les vête-

UNE JOURNÉE BIEN ORDINAIRE

ments, toujours pour éviter les plis, avant de la faire asseoir dans son fauteuil. Un pli, c'est le début d'une compression cutanée, la niche d'une future escarre. Un petit coup de peigne, un petit coup de brosse, les médicaments, et Madeleine nous dit au revoir.

L'hygiène, la toilette, et bien entendu les médicaments, c'est l'essentiel des soins chez les personnes âgées, avec surtout la surveillance de la peau. De temps en temps, des pansements sont nécessaires. Pour Madeleine, nous avons pu repérer très tôt la formation d'une phlébite, uniquement par l'observation. Il y a rougeur, chaleur et douleur. Et il faut un œil averti pour la repérer au plus tôt. Elle a été mise immédiatement sous anticoagulants, puis est allée passer un doppler. Ils l'ont gardée deux jours pour la traiter, et nous l'ont renvoyée pour continuer les soins.

La toilette est importante, mais c'est bien plus que ça. C'est en faisant la toilette que l'on fait « le tour du propriétaire », que l'on examine tout et partout, y compris l'endroit le plus intime. C'est ce qui souffre le plus, les gens sont assis dessus toute la journée.

Récemment, une dame inquiétante nous est arrivée, psychopathe, sur la défensive. Je commence depuis quelque temps à pouvoir la toucher. Je lui propose les médicaments dans un petit gobelet qu'on a acheté pour elle, et je la surveille le temps qu'elle les avale, pour être certain qu'elle ne va pas les recracher. J'ai commencé là aussi en m'abaissant devant elle pour lui montrer qu'elle dominait la situation. Après, je lui ai présenté le peigne, du bout du manche, en lui proposant de la coiffer. Petit à petit, elle s'est laissé faire. Mais un beau jour, j'ai essayé de mettre la main sur son épaule pendant que je la coiffais. Trop tôt, rejet immédiat. Elle a pris ce geste simple pour une menace, une domination qu'elle ne tolérait pas. Une personnalité psychopathique, presque schizophrène, ne supporte aucune contrainte, aucune autorité, en général depuis l'enfance, et les manifestations vont en s'aggravant de l'adolescence à l'âge adulte. Depuis, je la coiffe avec un bras derrière le dos. Ma collègue avance beaucoup plus que moi dans l'approche de cette dame, qui accepte mieux une femme. J'ai beau avoir une approche de « dominé », ma stature est celle d'un homme ! Et manifestement, elle a quelque chose contre eux. Avec elle, ma collègue obtient de meilleurs résultats que moi. Elle est

UNE JOURNÉE BIEN ORDINAIRE

relativement jeune, une soixantaine d'années. En plus d'être atteinte d'une pathologie psychiatrique lourde, elle est borgne et nous ignorons comment cela est arrivé. Elle a vécu l'isolement, la solitude sociale. On ignore d'où elle vient, mais c'est quelqu'un qui se « débarbouille » seule pour le moment. Il faut l'inciter avec patience une fois par semaine à aller à la douche. Ce sont des gens parfois qui n'ont pas connu la douche depuis des années, qui reviennent du bout de l'enfer. On ne peut pas les passer au « Kärcher » tous les jours, sous prétexte que c'est la règle sociale. Nous sommes là pour les accompagner dans leur vie, même décousue, leur apporter un peu de confort, en les apprivoisant peu à peu. Il y a des personnes comme ça, que l'on ne peut pas toucher, sauf à utiliser la violence, ce qui n'est pas la bonne technique. Avec cette dame, l'objectif est d'arriver aussi loin que possible. Actuellement, j'ai fait des progrès, je peux lui démêler les cheveux, je l'incite à se laver, je la pousse, ce qui prend du temps en discussion. Ensuite, je lui masse les pieds, comme je le fais à Brahim, avec de la pommade hydratante, pour détruire cette callosité qui forme des sabots sous la plante. Elle accepte le massage jusqu'à mi-mollets. Il est possible qu'elle ait le souvenir d'un viol ancien. Il m'est arrivé de le deviner, souvent chez des femmes bien plus âgées, lorsqu'elles retiennent la main qui doit les laver, en disant : « Non. Pas là... » J'ai même entendu une fois : « Non, papa... »

Ça brise le cœur, ce traumatisme qui persiste même en fin de vie.

Pour la suite de la tournée matinale, il y a un pansement à faire à une dame diabétique qui, elle, est totalement autonome. Dans la chambre d'en face, je dois répéter à son occupant qu'il doit aller se doucher. Il peut le faire tout seul, mais il a tendance à se laisser aller. C'est un ancien militaire, malheureusement connu pour des agressions sexuelles. Il est violent, frappe dès qu'on le contrarie et, pourtant, il chante. Il a l'air jovial, mais il fait peur aux filles de l'établissement. Nous en avons deux comme ça. Un commando et un légionnaire dont le coup de poing part plus vite que la pensée... L'un a flanqué un coup de poing à quelqu'un qui « l'embêtait ». Il a été envoyé au « purgatoire » en psychiatrie, parce que personne n'était présent pour contrôler la situation avant le passage à l'acte. On connaît ces gens, on ne les abandonne pas à eux-

UNE JOURNÉE BIEN ORDINAIRE

mêmes. Si on les laisse trop longtemps seuls, il y a forcément des accidents. Et certains demandent à être contrôlés.

Mon ancien commando s'est permis un comportement déplacé avec ma collègue. Elle m'a demandé à ne plus entrer dans sa chambre. Les autres filles du service le craignent aussi. Les aides-soignantes ou les ASH me sollicitent parfois :

— T'as une seconde pour entrer avec moi dans la chambre ? Parce qu'il me fait peur.

Alors je suis allé le prendre entre quat'z'yeux, et je l'ai tutoyé, pour utiliser son langage de militaire, d'homme à homme.

— Écoute-moi, mon gars, je m'appelle Jean-Charles et je travaille avec elle. Je sais que tu aimes les femmes, c'est normal pour la plupart des hommes. Mais il y a des limites à ne pas dépasser. Si tu te permets encore le moindre écart avec ma collègue, je te promets que tu vas le regretter. Regarde-moi dans les yeux, je ne plaisante pas !

— Mais non, Charles, y'a pas de problème. Tu peux être tranquille.

— On s'est bien compris ?

Il est très lucide. Sans pathologie démentielle qui altérerait sa compréhension. Il sait parfaitement de quoi je parle.

— Pas de problème...

J'ai repris le vouvoiement et tout est rentré dans l'ordre immédiatement. Pour notre sécurité, je préfère tenir des propos excessifs plutôt que de regretter d'avoir eu des phrases modérées et non dissuasives.

On va peut-être penser que j'exagère, mais il faut savoir que les agressions des soignants par les patients existent aussi. Parfois ce sont des agressions sans gravité. Mais il arrive que l'on en meure, comme ce fut le cas pour notre consœur infirmière libérale Élisabeth, sauvagement assassinée le 23 décembre 2006 à Aubenas par un de ses patients.

Et la dernière patiente, schizophrène, qui fait des allers-retours en psychiatrie régulièrement, m'a joué un sale tour récemment.

En période de délire, elle ressasse une histoire d'amoureux qu'elle n'a pas su garder. Une autre femme le lui aurait pris, et elle se lamente dans le couloir. Un jour, elle a fait une fixation sur moi. Ma collègue n'était pas là et j'ai dû m'en occuper. J'ouvre la porte de sa chambre un matin, et j'entends :

— Ah, tu es là !

Elle était complètement nue, avec une longue écharpe fluo rose autour du cou :

UNE JOURNÉE BIEN ORDINAIRE

— Viens, je te veux, regarde, j'ai fait le lit, viens...

J'ai appelé les filles au secours. En répétant bêtement :

— Oui, attendez, je reviens, j'ai du travail...

Les filles riaient après moi, mais mine de rien je me retrouvais dans la même position que ma collègue ou les filles, obligé de leur demander : « Tenez, allez lui donner les médicaments, moi, je ne m'approche pas. »

En période normale, nous avons avec elle une relation thérapeutique classique. Elle est complètement différente. Je l'incite à aller prendre sa douche, toute seule, je lui donne ses médicaments et passe la pommade sur les pieds, parfois des pansements lui sont nécessaires. Rien ne se passe, jusqu'à la prochaine crise.

La matinée s'achève, il est 10 h 30 environ, parfois plus. Nous allons faire quelques soins à l'extérieur – piqûres ou pansements pour des gens qui sortent de l'hôpital. À domicile, nous n'assurons que les soins techniques et réservons les soins de nursing à l'établissement. De 17 à 18 heures, c'est le moment de faire quelques injections à domicile, en ville. Je retourne vers 18 heures à la maison de retraite pour la tournée du soir, jusqu'à 19 h 30 ou 20 heures.

Je vais voir l'infirmier salarié pour demander comment s'est déroulée la journée, si les médecins sont passés : les transmissions habituelles. Je fais un premier passage pour les médicaments au moment où les résidants mangent – pour certains, il y a nécessité de broyer les comprimés pour leur permettre de les avaler. Puis, je fais un tour dans les salles à manger pour en aider quelques-uns à manger, en fonction de leur état. Certains ne mangent pas seuls, d'autres s'y prennent tellement lentement dans la gestuelle qu'ils finiraient à minuit ou s'endormiraient avant. Ça me permet d'établir une relation, de vérifier la capacité de déglutition, l'état de conscience, l'humeur. Je saurai tout de suite si la journée s'est bien passée ou pas, s'ils sont énervés ou apathiques. C'est un petit coup de main aux aides-soignantes. Certains infirmiers arrivent plus tard et ne le font pas car ils doivent être occupés ailleurs avec d'autres patients. Ensuite, j'accompagne les quelques résidants qui ne se déplacent pas seuls jusqu'à leur chambre. Les aider à se déshabiller, petite toilette du soir, mettre la couche de grande capacité de nuit, celle qu'il faut ajuster avec l'espoir que le drap ne sera pas trempé le lendemain. Espoir trop souvent déçu. Une petite causette, une main qui vous retient, un regard, et au lit.

On termine quand on termine, en fonction des besoins des personnes âgées. Et je rentre chez moi, dans ma vie privée, avec ce chapelet de personnages qu'un infirmier de maison de retraite promène dans sa tête du matin au soir, comme un petit film permanent.

Ce sont des individus, des êtres uniques, reliés entre eux par notre cheminement commun.

Et le jour où il manque une perle au chapelet, un personnage dans le film, on se retrouve machinalement devant une chambre, comme un imbécile. On ouvre la porte et on se dit : « C'est vrai... il n'est plus là. »

6.

L'œil du témoin

Il vient d'avoir 85 ans. Un bel âge si l'on considère la moyenne d'espérance de vie des hommes en 2007. Il arrive avec son fauteuil roulant et sa valise dans sa nouvelle demeure. L'assistante sociale l'accompagne et l'encourage.

— Vous serez bien ici, monsieur Jean. Regardez, il y a même un petit jardin, les gens sont dehors quand il fait beau !

Il n'a plus toute sa tête, mais de son regard encore vif il remarque qu'il n'y a que des femmes dans cet endroit. M. Jean est veuf. Sa fille unique n'est plus toute jeune, elle aussi va prendre sa petite retraite et survivre.

M. Jean note que toutes ces femmes sont bien plus âgées que lui. Au moins 90 ans...

— Il n'y a que des vieilles ici ! Je vais m'ennuyer.

— Ah ? Parce que vous n'êtes pas vieux ? Allons, tout ira très bien. Il y a des activités, vous vous habituerez très bien.

On a dit à M. Jean qu'il ne peut plus vivre seul, qu'il peut faire des bêtises. Oublier d'éteindre le gaz, ou tomber dans l'escalier. Cet escalier lui a d'ailleurs valu trois mois d'hôpital, et maintenant cet endroit, qu'il observe d'un air triste. Et son chez-lui ? Que devient son chez-lui ?

On le lui a dit et répété plusieurs fois, car il n a plus beaucoup de mémoire, M. Jean : son petit appartement a été loué par la tutelle, puisqu'il est sous tutelle ! Et sa fille ne peut pas s'occuper de lui. Quant à ses petits-enfants, ils sont à l'étranger.

C'est qu'il coûte cher à la société, M. Jean, pour avoir vécu si longtemps. Sa retraite d'artisan n'est pas suffisante pour lui donner accès à cette maison de retraite, mais comme il est encore propriétaire de son « chez-lui », le loyer va compléter le prix demandé. Que restera-t-il à M. Jean, une fois sa retraite et le loyer avalés par la tutelle ? Environ 75 euros par mois pour sa pipe et son tabac, le coiffeur, et les petits bonbons de réglisse qu'il affectionne.

Il n'a pas de chance, M. Jean. La tutelle l'a expédié dans une maison de retraite bien loin de son quartier, et lorsqu'il a protesté, l'assistante sociale lui a rétorqué :

— Les autres établissements étaient trop chers, ou alors il n'y avait pas de place. De toute façon, vous n'avez plus de famille dans votre ancien quartier. Et puis j'ai eu du mal à vous trouver cet établissement en si peu de temps. Vous verrez, tout ira bien.

À quoi doit-il s'attendre, M. Jean, dont le fauteuil roule au long d'un couloir triste ?

À une chambre simple ? Non. L'établissement est complet, il a été admis en surplus. Il va donc partager une chambre double, mais on lui promet que ce n'est que « provisoire ».

En réalité, il n'est pas le seul homme dans le coin. Sur une population de 65 résidents, ils sont une demi-douzaine de survivants masculins. Et, comme l'établissement, déjà ancien, n'a pas tenu compte de ce décalage entre hommes et femmes d'une même tranche d'âge, les chambres simples sont rares. Les messieurs doivent partager. Avec qui ? C'est angoissant de partager un territoire lorsqu'on a toujours vécu seul.

Comme la résidence n'a pas encore de lits isolés pour les patients âgés dépendants les plus lourds, M. Jean hérite d'un compagnon de chambre qui lui fait peur. Car l'établissement n'a pas encore signé cette fameuse convention tripartite qui lui ferait obligation de disposer, entre autres impératifs, d'un secteur médicalisé protégé. Mais, comme dit le directeur à l'assistante sociale : « On fait ce qu'on peut, les subventions tardent, et les murs ne sont pas extensibles. Il faudrait une aile de plus, c'est en projet. »

Ce directeur n'a pas suivi de formation spécialisée pour accueillir les vieux messieurs comme M. Jean. Il est titulaire d'un BTS de commerce, et avant de diriger cette maison de retraite il travaillait dans l'hôtellerie. Il sait gérer un personnel, il a même engagé une gouvernante. Il serre la main de M. Jean, le gratifie d'un sourire commercial, et de l'éternel : « Tout ira bien, vous verrez... »

Si M. Jean est malade, le médecin coordonnateur sera là. Il passe une fois par semaine – c'est peu pour 65 résidants, mais il faut le comprendre, cet homme, il a deux maisons de retraite à coordonner, plus son cabinet en ville. M. Jean aime bien son propre médecin de quartier. Pourra-t-il le voir ?

— Mais oui, bien sûr, ne vous inquiétez pas, il sera prévenu s'il y a un problème. Mais il n'y aura pas de problème, le médecin ici aura votre dossier, vous pouvez lui faire confiance.

M. Jean n'a peut-être pas toute sa tête, il est peut-être coincé dans son fauteuil, mais il peut encore rouler jusqu'au cabinet de toilette et se lever, péniblement, pour faire ses besoins. L'ennui, c'est qu'il n'y va pas assez vite. Il lui faut contourner trop d'obstacles dans cette petite chambre, ou bien les toilettes sont occupées par le voisin, ou encore infréquentables. M. Jean a donc quelques soucis d'hygiène, son pantalon en souffre et il en est malheureux. Ne pourrait-on nettoyer cet endroit plus souvent? Ne pourrait-on lui accorder une chambre plus vaste? Ou transférer son voisin dans une autre chambre?

— On vous mettra une couche, vous n'aurez plus de souci.

Chez lui, M. Jean n'a jamais mis de couche. C'est une vexation que de la lui imposer. Il fera un effort pour s'en passer. L'aide-soignante n'est pas de cet avis :

— Si vous urinez dans votre pantalon, on ne viendra pas vous changer toutes les cinq minutes! De toute façon, pour la nuit, c'est la seule solution. Ou alors vous vous débrouillez seul avec le bassin, mais on connaît la chanson...

M. Jean trouve que cette dame n'est pas aimable. Et son voisin lui semble bien agité, il ne cesse de déplacer les objets, d'ouvrir et de fermer la porte, d'entrer et de sortir. La nuit, il se met parfois à crier sans raison. Il fatigue beaucoup M. Jean et lui fait peur.

L'infirmière est désolée, mais terriblement pressée :

— Ce n'est pas sa faute. On va le calmer, ne vous inquiétez pas. Allez, je file, je suis seule pour deux étages.

Ce qui inquiète M. Jean, c'est de voir le soir même son voisin de lit le regard fixe, attaché au fond de son lit, les barrières relevées. Il a le sentiment d'avoir dénoncé ce malheureux, qui se retrouve puni par sa faute.

La salle de restaurant est un autre problème. On a attribué à M. Jean une place à table au milieu des dames. Or il vivait seul depuis longtemps et prenait ses repas dans le calme. Il est un peu dur d'oreille, il ne comprend rien au « jacassement » de ces dames, dont les décibels aigus le fatiguent.

Alors dès le premier jour il se lève, pour aller s'installer à une autre table, mais seul.

— Ah non ! On ne change pas de place comme ça ! Vous croyez que je vais mettre un couvert pour vous tout seul ? On retourne à sa place !

M. Jean croit se souvenir que, depuis l'école primaire, personne ne lui a parlé ainsi. Pourquoi ne peut-il pas déjeuner seul ? Cette table est vide.

— Justement, je viens de vous le dire ! Il n'y a pas de couvert, asseyez-vous là ! J'ai des numéros par table, moi ! C'est quoi votre régime déjà ? Et vos médicaments ? Je ne vais pas vous courir après !

Elles sont laides, ces tables en formica de couleur jaune délavé, sans nappe, sans fleurs, avec des serviettes en papier trop petites. M. Jean a apporté sa propre serviette avec son rouleau, une vieille habitude, pour ne pas salir ses vêtements.

— Qui s'occupe de votre linge ? Quelqu'un de votre famille ?

M. Jean n'a plus de famille. Il devra donner sa serviette à la lingerie. Mais comme il n'a pas marqué son nom, elle sera vite perdue. Elles sont vraiment petites, ces serviettes en papier. La vieille dame assise en face de lui en fait l'expérience.

— Alors, mamie, on a encore bavé ?

Il n'aime pas beaucoup cette purée bizarre et ce morceau de poisson non identifié qui trône au milieu de son assiette. Les trois feuilles de salade et la rondelle de tomate en entrée ne l'ont pas tenté. Quant à ce fromage indéterminé, il n'a pas de goût. Reste la pomme. Un peu dure pour son vieux dentier. Et le yaourt. Il a toujours détesté les yaourts !

On mange mal ici, se dit tristement M. Jean.

Il n'a jamais été bien riche, mais chez lui il mangeait convenablement. Son verre de vin avait du goût, son camembert aussi. Le pain était frais, la casserole sentait bon le ragoût que lui mijotait parfois une voisine. Et son omelette... elle était bonne, son omelette.

— Vous n'avez pas pris vos médicaments ? Qu'est-ce que vous en avez fait ?

M. Jean a oublié. Depuis quelques semaines, ici, il oublie davantage les choses importantes. Il ne retrouve plus ses chaussons... Quelqu'un se sert de sa serviette de toilette, il a demandé le coiffeur et on l'a prévenu qu'il ne passait qu'une fois tous les quinze jours, et qu'il fallait s'inscrire d'avance au tableau. Et, bien entendu, ce luxe serait compté sur le relevé mensuel de la tutelle.

Alors M. Jean a abandonné, et comme il est supposé faire sa toilette tout seul, il s'est également rasé tout seul. Il n'y voit plus très bien, il a raté sa joue gauche. Et cette joue le pique. Même ennui pour les ongles des pieds. Trop longs et inaccessibles. Alors il abandonne aussi. Il va prendre sa douche au fond du couloir, s'extirpe péniblement de son fauteuil, et ne trouve plus ses affaires de toilette. Et il s'habille de travers. Et il cherche ses chaussettes. Il ne trouve plus rien, M. Jean, il est perdu !

Il devient bizarre, dit qu'il veut s'en aller, que tout le monde est méchant. Il veut téléphoner à sa fille. Il veut rentrer chez lui.

— Mais oui, bien sûr. Si elle téléphone, on vous appellera.

M. Jean se débrouillait tout seul jusqu'à cette maudite chute dans l'escalier qui lui a brisé la hanche. On lui a recommandé de marcher pour récupérer, mais il aurait besoin d'aide pour cela, il a peur de tomber. Au bout de quelques mois dans cet endroit, il ne se débrouille plus tout seul et change de statut.

Une grande fille le met sous la douche, l'asperge et frictionne vivement son dos et son intimité ; il en est gêné. Il dit que « ça » au moins il peut le faire tout seul, et que si on voulait bien fermer cette porte... Il a froid et il est tout nu.

— Tout seul, on sait comment ça se passe... On dit qu'on se lave et on ne lave rien. Et ne vous occupez pas de cette porte, j'ai besoin de surveiller le couloir, moi. Je n'ai pas deux yeux derrière la tête, et pas que ça à faire ! Allez ! On se tourne, on ne grogne pas, on sort de là, on se sèche. Et on y va !

M. Jean est devenu « on ». Un être anonyme.

Elle le rase une fois par semaine, l'habille en vitesse et le roule avec son fauteuil dans un salon où il est supposé se divertir. Une dame pose des questions auxquelles il pourrait répondre, à condition de les entendre. Mais pour cela il lui faudrait franchir une armée de fauteuils roulants et de dames sur trois rangs. Il en a marre, M. Jean, il voudrait marcher, se tenir debout, dérouiller ses vieilles jambes. Alors il déserte, il roule jusqu'à une porte, se lève, et comme personne ne le voit, fait quelques pas branlants dans le petit jardin. Mais il tombe, se fait une vilaine bosse, et il prend froid à force d'attendre le derrière par terre que quelqu'un vienne le relever. On le dispute comme un gamin.

L'ŒIL DU TÉMOIN

— Vous ne pouviez pas rester à l'intérieur ? C'est malin ! Qui vous a permis de sortir ? Il y a la télévision. Si vous continuez, il faudra vous attacher sur ce fauteuil.

Il tousse. Il n'a pas vu le médecin, mais l'infirmière lui donne des pilules depuis quelques jours, et a posé sur la table une bouteille d'un sirop qu'il est supposé avaler matin et soir. Mais il oublie, comme il oublie d'enlever son dentier et de le nettoyer. L'après-midi, après la torture de la douche, il préfère s'allonger sur son lit, même si la compagnie de son voisin n'est pas des plus agréables.

— Il faut vous lever, maintenant ! Ce n'est pas bon de rester au lit comme ça !

À 86 ans, après quelques mois de séjour dans cette maison, M. Jean a envie de pleurer. Il fait une « dépression du vieillard », a dit l'infirmière. Mais qui s'en inquiète ? À son âge, c'est classique. Il est devenu incontinent. Son fauteuil est taché, il en a honte.

— Ce n'est pas grave, un coup de serpillière. Allez, levez-vous, ça va sécher tout seul.

Oui, mais la tache est toujours là, et on le lève de force pour le ramener assis sur cette tache humide dans ce salon bruyant.

Son dentier ne tient plus très bien, le biscuit du goûter le blesse. Il a maigri, M. Jean, depuis qu'il est ici. Il n'a pas d'appétit et son estomac le fait souffrir. Il a même oublié qu'il avait une fille quelque part dans le monde. On lui a dit qu'elle était venue de très loin pour le voir, et qu'elle l'avait trouvé bien. Elle a laissé une photo sur sa table de chevet avec des gens qu'il ne reconnaît pas.

— Vous ne mangez pas assez. Allez, pas de caprice ! Et il faut boire de l'eau. Buvez.

S'il le pouvait, M. Jean passerait la moitié de son temps assis aux toilettes. Il déteste ses couches de vieux bébé, souillées, qu'il doit supporter ou arracher tout seul, au risque de se retrouver sans aucune protection pour longtemps. C'est pourquoi il ne demande pas à boire, de peur de se mouiller, de crainte d'être humilié, de crainte de réclamer et d'entendre :

— Oui, on arrive. Vous n'êtes pas tout seul !

Si. M. Jean est tout seul. Et cette solitude aggrave son cas. Il ne peut se plaindre à personne. Son voisin reçoit une visite de temps en temps. Quelqu'un se plaint beaucoup des conditions de vie de cet homme. Sans résultat.

— Mettez-le ailleurs. Ou gardez-le chez vous ! Personne ne vous oblige à le laisser ici.

M. Jean voudrait se plaindre, lui aussi, mais à qui ?

— Écrivez donc à votre tutelle, si vous n'êtes pas content !

Sa lettre – trois lignes qu'il a eu du mal à écrire seul – s'en est allée dormir dans le petit dossier d'un cabinet de tutelle qui a tellement de dossiers plus importants à gérer, que les petits soucis de M. Jean peuvent attendre. Et ils attendent. Et M. Jean va mal. Il voudrait s'en aller, retrouver son appartement de quartier, son paillasson, ses casseroles, sa vie. C'est ce qu'il a essayé de dire en écrivant : « Je veux m'en aller et rentrer chez moi. »

— Ne dites pas de bêtises ! C'est chez vous ici... C'est comme ça !

Il a eu la malchance de tomber dans une maison de retraite dont peu de gens se plaignent. Un établissement qui ne fait pas partie des 5 % de résidences « à problèmes ». De ceux qu'il faudrait impérativement fermer et rénover, doter d'un directeur et d'un personnel plus compétents. De ceux dont on dit qu'ils encombrent et bloquent les fonds nécessaires à la création de nouveaux établissements privés dans le secteur. Mais où mettre la population qui vit dans ces 5 % mal famés ? D'ailleurs, de quoi se plaint M. Jean ? De mal vivre ?

Il vit simplement la médiocrité acceptée comme la « normale » pour les gens de son âge. Personne ne le bat, on se contente de le bousculer un peu pour qu'il mange plus vite. La nourriture ne l'a pas empoisonné, elle est seulement lamentable. Nul ne le vole, il n'a pas d'argent. Tous ses papiers personnels sont enfermés dans un coffre, et sans portefeuille il a le sentiment de ne plus exister. Il ne manque pas de soins, on le lave tous les jours et il ne s'est retrouvé que deux fois aux urgences de l'hôpital voisin, pour une vilaine bronchite et une mauvaise chute.

On l'a installé en médecine générale, perfusé, et renvoyé dans l'établissement au bout de cinq jours. Parce qu'on ne peut pas garder un vieux plus de cinq jours dans le service. Il coûte trop cher, et après tout il est résidant d'une maison de retraite médicalisée...

En revanche, son voisin de chambre a été récupéré aux urgences du même hôpital par sa fille, affolée. Il était couvert d'hématomes, et le front en sang. Il avait voulu forcer une porte, fuir. Il a agressé le personnel, s'est battu avec un autre résidant... Il est intenable.

— On ne peut pas les surveiller tous. Il faudrait l'envoyer en psychiatrie.

M. Jean n'a plus de voisin de chambre, il ignore ce qu'il est devenu. Bizarrement, il lui manque.

— On vous l'avait dit, c'était provisoire... Mais vous aurez sûrement un autre voisin.

M. Jean s'est éteint lentement, comme une bougie usée, au bout de trois ans de séjour, sans se préoccuper de ses nouveaux voisins. Il ne parlait plus, ne marchait plus.

Son ancien médecin de quartier et sa fille lointaine en ont été avisés – c'est la seule nouvelle qu'ils ont reçue. « Décédé le... »

Lorsque sa fille est arrivée pour les obsèques, elle a découvert le corps de son père dans une pièce sombre, nauséabonde. On ne lui a guère laissé le temps de poser des questions, les agents des pompes funèbres municipales, qu'elle avait dû appeler elle-même, ne pouvaient plus attendre. Le directeur l'a saluée au passage, il n'avait pas l'air au courant du décès. Seules une aide-soignante et une infirmière sont venues présenter leurs condoléances.

— Où est sa montre ? Il y tenait beaucoup...

— Quelle montre ? Ses affaires sont là, dans sa valise. Il n'y avait pas de montre. Il a dû la perdre.

L'appartement de M. Jean a été vendu. Lorsqu'elle a voulu s'informer de l'héritage de son père, on lui a répondu que le compte de M. Jean avait été apuré pour régler la maison de retraite, les quelques meubles vendus, et qu'il ne restait rien.

— Il fallait vous en occuper plus tôt. C'est vous qui l'avez mis sous tutelle.

Voilà à quoi pouvait s'attendre M. Jean lorsqu'il est arrivé, contraint et forcé par son statut économique d'artisan à la retraite et l'éloignement de sa fille unique, dans cet établissement. Une fin de vie triste et humiliante, sans chaleur humaine, sans liberté ni respect. Assis dans un fauteuil. À la merci des autres. Maltraité en silence.

C'est à cela qu'il faut s'attendre, en vieillissant ? À cette médiocrité de fin de vie ? À cette maltraitance qui ne dit pas son nom ?

Qui a peur de vieillir et mourir dans les x % de maisons de retraite où le quotidien ressemble à celui-là ? Tout le monde.

Les personnes de plus de 85 ans sont 1 million en 2007.

L'ŒIL DU TÉMOIN

En 2010, elles seront 1,5 million.
En 2020, 2 millions.
Et parmi les 13 millions de Français de plus de 60 ans, en 2020, 3 millions de personnes seront dépendantes, fragilisées, à la merci de leur famille ou des maisons de retraite. C'est un choc démographique sans précédent.

Mais l'omerta règne sur la médiocrité des soins apportés aux personnes âgées. Une médiocrité mère de leur maltraitance quotidienne. Il est vrai qu'elles ne peuvent plus défiler elles-mêmes dans les rues. En dehors des budgets, des plans, des conférences et des déclarations sur le sujet, la première des choses à faire est de définir juridiquement la maltraitance des personnes âgées fragilisées, car ce n'est pas une violence ordinaire.

Elle peut être physique, psychoaffective, financière, civique ou médicamenteuse, le résultat de violences ou de négligences, actives ou passives, parfaitement cernées par le Code pénal et sévèrement punies.

Qui se lève pour dénoncer cette médiocrité prend des risques personnels.

J'en atteste.

C'est ainsi que je me suis retrouvé dans la situation du chien aboyeur prévenant du danger encouru par certaines personnes parmi les plus vulnérables, mais qu'un ordre renvoie à sa niche : « Silence, il ne se passe rien. »

Faux !

Il « s'en passe » tous les jours dans quelques « lieux de non-droit ».

Car la vieillesse est, pour quelques-uns, un commerce mal pensé, mal financé, mal organisé et mal surveillé.

Je reste persuadé qu'ils ne sont qu'une minorité au sein d'une corporation qui rend de précieux services à la société. Si dans cette corporation de l'accompagnement et de la prise en charge des personnes âgées il est possible de gagner beaucoup d'argent, je m'en réjouis. Je continuerai de m'en réjouir tant que cela sera source de bien-être pour nos anciens, et me révolterai face aux producteurs de souffrances inutiles.

La corporation saura-t-elle se protéger des rapaces, source de discrédit pour elle-même ? Cessera-t-elle de leur apporter une aide et une assistance qu'ils ne méritent parfois pas ?

Acceptera-t-on de tout mettre sur la table, et d'ouvrir un débat, sans compromissions, pour remédier aux insuffisances de notre système qui permettent la survie de maisons de retraite indignes ? Là, des personnes souffrent et meurent sans cette « Fraternité » de notre devise nationale. Ce sont elles aujourd'hui, et peut-être nos proches ou nous-mêmes demain.

Et je pense, parfois, à ces singes devenus manchots, incapables de se boucher les yeux, les oreilles ou la bouche, et affrontant courageusement et sans détour les questions posées par les difficultés du grand âge.

Cet ouvrage a été composé et imprimé par

FIRMIN DIDOT
GROUPE CPI
Mesnil-sur-l'Estrée

en décembre 2007

Imprimé en France
Dépôt légal : mars 2007
N° d'édition : 339/03 - N°d'impression : 88216